静岡

ふるさとヒストリー

今につながる歴史の謎

小泉達生

はじめに

午後1時15分。銀の鈴を転がしたような女性アナウンサーの声がスタジオに響き、エフエムしみず「ふるさとヒストリー」が幕を開けます。

歴史・ヒストリーとは、過去の人間社会の移り変わりのこと。私たち日本人は、歴史の記録を「鏡」と名付けてきました。吾妻鏡、大鏡、増鏡…。今の姿を映す「鏡」と過去を記録する歴史書、いったいどんな共通点があるのでしょうか？

歴史の鏡には、過去を映すことで今を正しく見つめ、未来まで照らし出す力がある、と信じられていたからです。

ここ静岡には、今につながる史跡や足跡、予想を超えたドラマや不思議な謎などが多くあり、魅力にあふれています。でも残念なことに、余り語られませんし、知られてもいません。なぜなのでしょうか？

それは、ふるさとの歴史はとても控えめで、ひっそりと佇んでいることが多いからです。こちらから訪ねて会いに行かなければ、胸の内まで教えてくれません。

このコーナーは、魅力あふれるふるさとの歴史を、一つのクイズをきっかけに分かりやすくひも解いていきます。さあ、今日はどんな謎が登場するのでしょうか？

「ふるさとヒストリー　今につながる歴史の謎」！


毎週木曜日、エフエムしみず（マリンパル）で1年間放送した番組「ふるさとヒストリー」。予想以上の反響や激励を、年配の方々から小学生まで、その上静岡県外の方からもいただきました。

「何度も聴き直しています」、「この機会にふるさとの歴史をじっくり学び直したい」、「できれば本にまとめてほしい」などの激励に背中を押されて、出版の運びとなったのです。

一話完結の全52話を関連深いテーマで12章に束ねて、主な登場人物も記しました。ですから、興味ある歴史事象からでも、気になる事件や好きな歴史人物からでも、探し出すことができます。順番に読むのではなく、「えいっ」と直感でめくったページから読み始めることも面白いかもしれません。

まずは、本当かうそかの「クイズ」から気軽に挑んでみましょう。正解しなければ、などと肩ひじ張る必要はありません。なぜなら、間違えた方が目から鱗《うろこ》の発見や新たな学びが広がってくるからです。

解説の途中に何度か「問いかけ」《　》があるのは、読者の皆さんに過去の人物たちと同じ歴史舞台でコミュニケーションする疑似体験をしてもらいたいからです。最後の「照らす鏡」は、祖先が学んできたように何度も素読してみてください。

歴史研究は、定説だと信じられることでも新しい発見や発掘があるたびに書き換えられたり、ある史実に対しても解釈が分かれたりすることが多くあります。

全52話を執筆する根底には３００冊を超える文献や郷土歴史家が集めた資料、検定済の歴史教科書やＮＨＫの歴史番組など、さまざまな情報収集や現地調査があります。できるだけ新解釈を追ったつもりですが、そもそも私は日本史研究の歴史学者ではなく、『小泉史歓《しかん》』を大切にする歴史愛好家に過ぎません。

この『小泉史歓』（観でなくて歓）とは、「先人への敬意を込めて、前向きな学びを探り出す見方や考え方」のことで、著者の造語です。歴史の解釈や判断が分かれる場面では、「壮快（爽快）か？」「先人として憧れるか？」「心躍ってときめくか？」「腑に落ちるか？」などが基準になります。史実として書き残されていない事象や未だ発見されていない事物、また識者で解釈が分かれる謎に対しては、無理に現代の価値観に当てはめるのではなく、先人の立ち位置でその言動を尊重することに軸足を置きます。

さあ、満載のスリルと芳醇な香り漂う「ふるさと歴史の謎」の世界へ旅立ちましょう!!

目次

第一章

天下太平の礎は駿府にあり

大御所、ふるさと駿府から天下を治める

室町（戦国）時代～江戸時代

登場人物

徳川家康

太原雪斎

第1話

江戸幕府を開いた徳川家康は、駿府（静岡）よりも江戸（東京）に長く住んでいた。

「本当」でしょうか？

「うそ」でしょうか？

正解は「うそ」です。

徳川家康は江戸ではなく駿府の地、静岡に最も長く住んでいました。

「日本人」はその土地を居住地に決め、愛着を込めて所有することで、アイデンティティーを高めてきました。日本人の約80％の「名字」が始祖の所有地や居住地、すなわち「土地」に由来していることからも、愛着の深さをうかがい知ることができます。土地に密着した名字の大転換が起こったのが戦国時代。戦によって所有地や居住地の激変が起こって、互いを識別する必要が生じて、名字の種類が急増するのです。「地名は文化財、名字は土地の手形」（柳田国男）が民俗学の定説となっています。

ならば居住地の変遷を追うことは、家康の生涯を知る上で大きな手がかりになるはずです。栄枯盛衰が激しく、権力者の容赦ない命令にさらされていた戦国時代。家康は、7回も居住地を変えてきました。

岡崎（5年間）
0歳～
↓
尾張（2年間）
5歳～
↓
駿府（11年間）
7歳～
↓
岡崎（10年間）
18歳～
↓
浜松（17年間）
29歳～
↓
駿府（4年間）
46歳～
↓
江戸（18年間）
51歳～
↓
駿府（10年間）
66歳～

※極めて簡略にしました

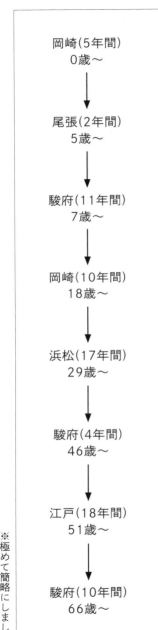

徳川家康は75歳で「駿府」で亡くなりました。その人生の25年間、人生の約3分の1をこの駿府で過ごしているので、最も長く居住していたことになります。

2番目に長いのが「江戸」。秀吉に国替えを命じられてから、大御所として駿府に移るまでの約18年間です。

3番目が「浜松」。29歳から45歳の浜松城を本拠地とした約17年間です。

4番目が生誕の地の「岡崎」で、5番目が人質時代の「尾張」です。

《そんなに長く静岡に住んでいたなんて信じられない》と疑問をもたれた方のために、25年間の内訳を探っていきましょう。

将軍の座を息子の秀忠に譲ったのが晩年の66歳ですから、その後25年間も大御所として駿府で君臨することは年齢的に難しそうです。大御所時代は約10年間なのです。

《だったら、残りの15年間はいつのことなのか？》

さらに歴史を遡《さかのぼ》る必要があります。家康が40代後半、豊臣秀吉の家臣となってから江戸へ領地替えを命じられるまでの約4年間がありました。「五カ国時代」と呼ばれて、三河・遠江・駿河・甲斐・信濃の5カ国、現代の愛知県・静岡県・山梨県・長野県を治めていたのです。4年間と期間が短いのは、豊臣秀吉と共に小田原の北条氏を破って天下統一が実現した後、北条氏が治めていた関東領地への国替えを突然に命じられたからです。

まだ11年間も駿府の時代が足りませんから、さらに時代を遡りましょう。今川義元の元にいた8歳から19歳までの11年間を発見しました。「今川家の人質時代」と呼ばれる少年期から青年期です。青少年期は私たちの人生を振り返ってみても、多くを学んで大きく成長する時期であって、人生の骨格ができあがる時期でもあります。家康は11年間の静岡での生活で、天下人たる人格が形成されたのでしょう。

残念ながら、２０２３年の大河ドラマ『どうする家康』では「桶狭間合戦」から描かれたので、少年期の詳細な様子は省かれてしまって知ることができませんでした。

少年時代を振り返った家康の言葉が、『嶽南史《がくなんし》』に残されています。どんな想いで幼き時期を過ごしていたのか、当時の心情をうかがい知ることができます。

照らす鏡
『嶽南史』に記された徳川家康の言葉

《訳》幼き日を過ごした駿府は自分にとってふるさとである。この地での日々は生涯忘れることができない。

3回も居住した駿府の地。少なくとも大御所時代の10年間は、「忘れられない地」のふるさと駿府を自ら居住の地と決めたはずです。さまざまな理由が付けられたとしても…。

第2話

家康は今川家の人質だったので、勉強することができなかった。

「本当」でしょうか？

「うそ」でしょうか？

正解は「うそ」です。

それどころか、当時としては第一級の学問を身につけることができたのです。25年間駿府で過ごした徳川家康。生涯で3回に渡って生活していましたが、その中でも意外と知られていないのが少年時代でしょう。

家康は4歳で実母と生き別れてしまいます。母の実家が父の松平家の敵になったため、離縁させられたのです。さらに6歳になると織田家（織田信長の父の時代）に人質に出されます。その間に三河では、父（松平広忠）が家臣に殺されてしまいます。さらに織田家との人質交換のため、8歳で今川家（駿府）に行くことになります。可哀想なほど家族との縁が薄い幼少期を過ごしています。

松平家は今川家の臣下になった証として、大切な長男を人質として差し出すことになりました。「私たち松平家は今川家の味方であり続けます。最も大切な跡取りの長男を今川家に預けるのですから、信頼してもらえますよね」と身を切る行動で示したのです。

一般的に「人質」というと、ずっと監視がついて衣食住まで制限があり、息苦しくて辛い立場のイメージがあります。多くの場合は辛い立場だったようですが、今川家の人質になった家康は全く違っていました。「人質」とは名ばかりで、手厚くもてなされたのです。

《どんな理由で優遇されていたのでしょうか？》

それは今川家の将来を支える大切な武将、属国である三河や尾張（今の愛知県）の統治を任せるリーダーとして期待されていたからでしょう。今川家は家康の素質や器量の大きさを早くから見抜いていたのかもしれません。

幼き日のエピソードは少ない上に、江戸時代には神格化され脚色されています。例えば10歳の時、年頭の挨拶の席で大勢の前で立ち小便をするほど大胆であった…などは、本当なのかよくわかりません。ですが、次のことは間違いないでしょう。

1. 筆頭家老の関口氏純《うじずみ》の娘、義元の姪に当たる通称「瀬名」を正室に迎えた。当然、今川義元の勧めがあった。
2. 元服では松平元信と命名して大小の刀や鎧が与えられた。初陣の際には松平元康と命名して、見るも眩《まぶ》しい「金陀美具足《きんだみぐそく》」の甲冑が贈られた。
3. 元信と元康の「元」の字を太守「義元」から授けられるほど特別待遇されていた。

家康は学問が好きで、本を読むことも大好きでした。ピンチを迎えた時や大きな方針を打ち出す時には、必ず書物を読み返して判断していたようです。若き日に真摯に学んできた見識があったからこそ、骨太な信念をもって天下太平を実現することができたのでしょう。大御所時代には、学問を一部の人だけの所有物ではなく、多くの人たちに普及させるために静岡で印刷を始めます。「駿河版銅活字」の実物が東京都文京区の「印刷博物館」(凸版印刷の敷地内)に残されています。レプリカは、静岡市歴史博物館にあります。

《現代のような印刷技術がなかった時代に、本はどのように作られていたのでしょうか？》

「写本」といって、一字一句、一枚一枚を筆で書き写していたのです。一冊の書物を完成させるには、膨大な時間と労力がかかったことが想像されます。当然、写し間違いなどもあったことでしょう。

江戸時代には木版の大きな進歩で、本の印刷ができるようになります。「刊本」の誕生です。書物だけでなく浮世絵などの豊かな日本文化が、印刷の進歩で花開きました。江戸時代の末期に世界を驚かせた日本の識字率の高さや文化の普及は、家康の本を普及させようとする強い願いがきっかけなのかもしれません。

照らす鏡

『徳川実紀《じっき》』
徳川家康の言葉

《訳》物事の正しい道筋をみんなが分かれば世は治まり、戦いが起きることはない。世の物事がどうあるべきかを教え、あるいは知るには本しかない。

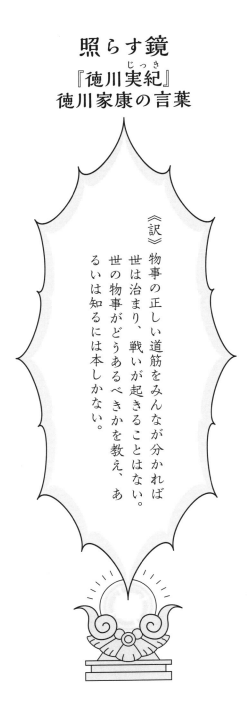

第3話

少年時代の家康は、駿府の地で子ども用のやさしいテキストで学んでいた。

「本当」でしょうか？

「うそ」でしょうか？

正解は「うそ」です。

漢字だらけのとっても難しい書物を読んでいました。

徳川家康が生まれたのは、戦国時代の真っ最中。全国が戦争でひどく乱れていました。いつ、どのような形で命を狙われるかわかりません。夜襲に備えて枕元に必ず大小の刀を置いたり、急な出陣に備えて甲冑を身近に備えたりしていました。枕を高くして眠れないどころではなく、身の危険に怯えて床に入る状態だったのでしょう。そんな厳しい日常生活を送っていたのです。

《戦国時代の武将は戦う鍛錬をするだけの、無学で無教養な人だったのでしょうか？》

予想外にも、教養あふれる勉強家でした。武家のリーダーたちは幼少年期から、豊かな教養と武芸を必死で身につけました。リーダーの資質・能力で、一国の命運が決まってしまう下剋上の世の中だからです。

《具体的には、どのような書物で学んでいたのでしょうか？》

（1）まず「四書《ししょ》」は必読文献。皆さんご存じの『論語《ろんご》』を含む『大学《だいがく》』『中庸《ちゅうよう》』『孟子《もうし》』

（2）次に「五経《ごきょう》」。四書より上級で内容はかなり難解な『易経《えききょう》』『書経《しょきょう》』『詩経《しきょう》』『春秋《しゅんじゅう》』『礼記《らいき》』

（3）武将の子弟ならば、「戦いに勝つための戦略」も学ばなければなりません。

兵法で有名な『孫子《そんし》』。『呉子《ごし》』『尉繚子《うつりょうし》』『司馬法《しばほう》』『六韜《りくとう》』『三略《さんりゃく》』等

タイトルだけでも難しそうです。もちろん漢文だけの書物でした。

（4）学問には息抜きも必要ですね。意外ですが『源氏物語』や『伊勢物語』『平家物語』もリストにあります。家康は鎌倉時代の歴史書『吾妻鏡《あずまかがみ》』が好きでした。伊豆で人質生活を送った源頼朝に自身の境遇を重ね合わせて読んでいたかもしれません。

（5）書物から離れると、教養として茶の湯、和歌、連歌（何人かで同席して句を詠み続けるもの）、囲碁や将棋まで嗜《たしな》みました。

「四書五経《ししょごきょう》」の一部を紹介しましょう。まずは代表格の『論語』です。

①論語「君子はこれを己に求め、小人はこれを人に求む」

《訳》立派な人は責任を自分の内に求めるが、つまらない人は責任を他者のせいにする。

②論語「故《ふる》きを温《たず》ねて新しきを知る。以て師《し》たるべし」

《訳》古い人の書物に学んで現代に応用できるものを知る。そんな人が先生となる資格があるのだ。

次は、「四書五経」の中で入門書と言われる『大学』ですが、なかなか奥深いです。

③大学「物に本末あり、事に終始あり、先後《せんこう》する所を知れば、即ち道に近し」

《訳》物事には先にすべき目標と後回しにすべきことがある。先と後の順序を間違えなければ理想に近づく。

④大学「苟《まこと》に日に新たにせば、日々に新たにして、又日に新たならん」

《訳》すがすがしく新たなことに挑んでいけば、自己を革新できるものである。

《ところで、私たちが「古典」と呼ぶこれらの本は、夢中になるほど面白いものだったのでしょうか？》

実はものすごく面白かったようです。すごくためになって興味深いから、家康は食い入るように読んでいたのです。

現代の私たちは、《古典とは古臭くて役に立たないものだろう？》というイメージが先行していませんか。冷静に俯瞰《ふかん》してみてください。本当に価値のないものだったら、何百年何千年も昔の書物が現在まで残っているはずがないのです。人類の歴史の中で、泡のごとく消えて忘れ去られていった数多《あまた》ある書物の中で、生き残ることができたのは奇跡、ずばり稀有《けう》な存在です。古典には、時代を超えても変わることのない、人としての普遍的な価値観や真理が語られているからなのです。

照らす鏡
「古典とは何か？」

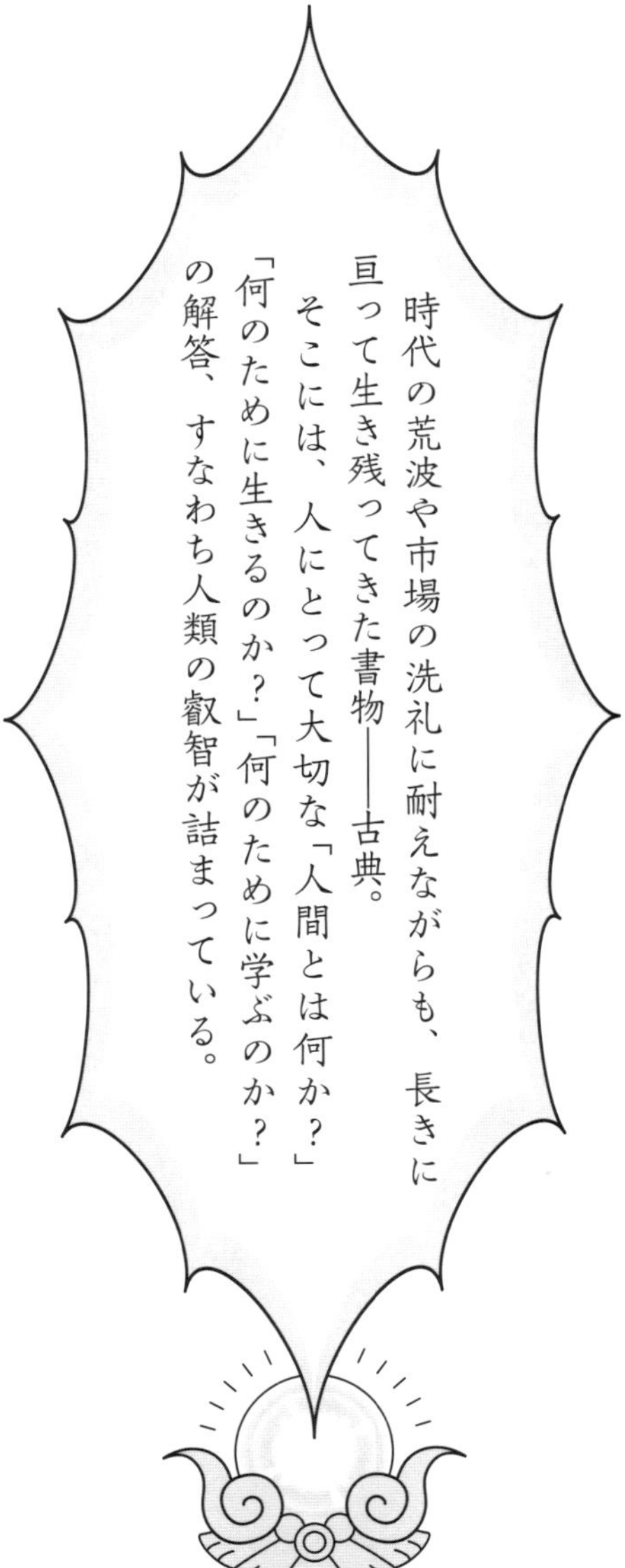
時代の荒波や市場の洗礼に耐えながらも、長きに
亘って生き残ってきた書物――古典。

そこには、人にとって大切な「人間とは何か？」

「何のために生きるのか？」「何のために学ぶのか？」

の解答、すなわち人類の叡智が詰まっている。

第4話

昔の勉強は、静かに落ち着いて黙読するのが作法（マナー）であった。

「本当」でしょうか？

「うそ」でしょうか？

正解は「うそ」です。

静かに黙って読むことより、声に出して読むことを大切にしていました。

家康の時代、勉強方法が大きく二つありました。

一つ目が「素読《そどく》」。声に出してひたすら繰り返して読むことです。大きな声を出して腹（臍《へそ》の10cm下）で読むのです。朗々と誦えるので「朗誦《ろうしょう》」とも言います。こうして、言葉の持つ響きやリズムを体の内に染み込ませたのです。

二つ目の学習方法が「師匠との問答」。一対一のコミュニケーションです。書物内容やその意味について、師弟で質問したり答えたりして理解を深めていきます。弟子の問いかけが鋭ければ、深い解答が引き出せて書物の奥深さに迫っていけるのです。

さて「素読」に戻りましょう。素読の大前提として、最初からすべてを理解させようとは考えていません。「四書五経」などの古典を学ばせるのですから、難解なことは織り込み済みなのです。

《現代の学習は、手軽に知ることや早急に理解することを重視していませんか？》

江戸時代までの学問は、時代を超えた人類の智恵を頭だけで覚えて理解するのでなく、身体の奥に染みこませないと本物にならない、と考えていました。ですから何百回も何千回も繰り返して誦えたのです。言葉の持つリズムや響きを体内の血肉にすることで、その後の人生の場面で明確な指針や前向きな力になるのです。

最近は、小学校の教科書にも古典の素読が入ってきました。難しく感じても反復して唱えてみましょう。身体に染みこませる学び方は日本だけでなく、世界でも大切にされている学習法です。

2001年（平成13年）から、静岡県出身で明治大学文学部教授の齋藤孝さんが『声に出して読みたい日本語』シリーズを刊行しました。この本で唱える暗誦・朗誦も、リズム・テンポ・響きを重視する学習法です。

徳川家康はもちろん、北条政子や明治天皇も愛読した古典『貞観政要《じょうがんせいよう》』を紹介しましょう。名君と謳《うた》われた唐の第2代皇帝太宗《たいそう》の言行録で、リーダー論の最高傑作だと評判の名著です。

「三つの鏡」の章を紹介します。家康は「三つの鏡」の教えを、実践に移していたと思われるからです。

「銅をもって鏡と為せば、もって衣冠《いかん》を正すべし。古《いにしえ》をもって鏡と為せばもって興替《こうたい》を知るべし。人をもって鏡と為せば、もって得失《とくしつ》を明らかにすべし。朕常《ちんつね》にこの三鏡を保ち、もって己が過ちを防ぐ。今、魏徴殂逝《ぎちょうそせい》し、遂に一鏡を亡《うしな》へり。」

《訳》銅を鏡とすれば表情や身なりを整えることができる。歴史を鏡とすれば、過去の教訓から未来を照らすことができる。人を鏡とすれば自分の行いを正すことができる。
私はいつも三つの鏡を持っていたので過ちを防ぐことができた。ところが今、常に厳しいことを言ってくれる家臣を失い、大切な一面の鏡を失ってしまった、と嘆き悲しんだ。

家臣の魏徴という人物は、元は敵方の重臣で「太宗を殺せ！」と助言した戦争犯罪人だったのです。ところが太宗は、魏徴の見識の高さと剛直さが気に入り、本来なら死罪となる人物を側近に取り立てました。しかも「片時も私の傍を離れないで、私の悪口を言ってくれ」とまで告げ、誰よりも頼りにしてきたのです。

家康は「貞観政要」の素読が体内に沁みたのでしょう。「主君への諫言（忠告）は、一番槍よりも勝る」の言葉を残し、立場や地位が高くなろうとも、傲慢になったり易きに流れたりしないように自分を律し続けました。また、戦いに敗れて死を覚悟していた敵国の優れた人材を、今川家・武田家・北条家からも進んで登用しました。多様な人材を登用してきたことで、徳川の天下が盤石になっていったのです。多様性を尊重して個性的な人材を登用しようとする現在の考えとも共通していますね。

照らす鏡
素読の勧め
『三国志』

「読書百編義《ぎ》自《おの》ずから見《あらわ》る」

人類の智恵は繰り返し誦えて体内に取り込んでこそ、未来を照らす光となって人生を力強く導いてくれる。

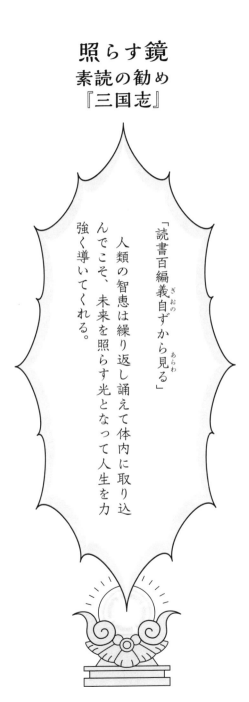

歴史こぼれ話

1 日本史のリーダーが学んだバイブルが現在も残っている!?

時代の荒波や市場の洗礼に耐えながらも、生き残ってきた人類の叡智が詰まった――「古典の書物」。各話で紹介しきれなかった「珠玉の名言」を噛みしめて、味読してみてください。

帝王学の教科書『貞観政要《じょうがんせいよう》』

唐の第2代皇帝「太宗《たいそう》」の言行録です。時代を導いた指導者である北条政子や徳川家康、明治天皇も愛読していました。

①「疾風《しっぷう》、勁草《けいそう》を知り、板蕩《はんとう》、誠臣《せいしん》を識《し》る」

訳／風が吹けば草はなびくが、強い草は風にもなびかない。同様に、その人の真偽は世の中が平穏な時でなく、窮地の時に分かるものである。

②「渾渾《こんこん》として濁《にご》ること勿《なか》れ、皎皎《きょうきょう》として清《す》むこと勿《なか》れ。汶汶《もんもん》として闇《くら》きこと勿《なか》れ、察察《さつさつ》として明《あきら》かなること勿《なか》れ」

訳／天子は、その人格がドロドロと濁っていてはいけない。でも、輝くほど澄んでいてもいけない。

濁っていると正邪の区別がつきにくくなるし、清潔すぎると人を受け入れられなくなるからである。上に立つ人は、汚かったり暗かったり愚かであったりしてはいけないが、かといって細かいところまで口出しすると、周りも息苦しくなって誰もついてこられなくなる。

指導者のバイブル『言志四録《げんししろく》』

儒学者「佐藤一斎《いっさい》」の語録です。『言志録』『言志後録』『言志晩録』『言志耋録《てつろく》』の四書の総称で、幕末期の変革の時代に西郷隆盛や吉田松陰、坂本龍馬らが愛読していました。西郷隆盛は、四録から選び抜いた101条を書き写し、身に携えて指針にしていました。

①「士は独立自信《どくりつじしん》を貴《たっと》ぶ。熱に依《よ》り炎に附《つ》くの念《ねん》起こすべからず」

訳／立派な人物は、他人に頼らず一人立って、自信をもって行動することを大切にする。権力ある者に媚《こ》びを売り、富貴の者に付き従う考えを起こしてはいけない。

②「学を為す緊要《きんよう》は心《こころ》の一字に在《あ》り。心を把《と》って以《もっ》て心を治《おさ》む。之を聖学《せいがく》と謂《い》う。政《まつりごと》を為すの著眼《ちゃくがん》は、情《じょう》の一字に在り。情に循《したが》って以て情を治む。之を王道《おうどう》と謂《い》う。王道、聖学は二に非《あら》ず」

訳／学問をするにあたって、最も大切なことは「心」という一字にある。自分の心をしっかり把握して治めていく。これを聖人の学という。政事をするにあたって第一に目をつけるところは、「情」という字にある。人情の機微に従って人々を治める。これを王者の道という。これら王者の道と聖人の学とは実は一つであって、二つではないのである。

第二章

模範となる静謐《せいひつ》な国づくりを

太原雪斎と今川義元の堅い絆

室町（戦国）時代

登場人物

太原雪斎

今川義元

第5話

今川義元の学問の師匠（先生）は、
お寺の和尚さんだった。

「本当」でしょうか？

「うそ」でしょうか？

正解は「本当」です。

当時の僧侶は一流の文化人で、寺には多くの蔵書がありました。

江戸時代になるまで、ほとんどの人は文字に接する機会がありませんでした。文字で書かれた書物は極めて少なく、限られた人物だけの貴重品でした。現在のような大量に印刷できる技術（刊本）がなく、筆で書き写すこと（写本）の書物しかなかったからです。多くの人が学問できるように願って、日本で初めて銅の活字「駿河版銅活字」で、本の印刷をしようとしたのが徳川家康でした。

《貴重な本を手に取って学ぶことができたのは、誰なのでしょうか？》

たまたま本を手にしても、当時の文章は漢籍といって中国から伝わったままの漢文で書かれた書籍です。読み解くには、高度な漢字の素養が必要とされました。

《漢字だらけの本をすらすらと読むことができたのは、どんな人たちでしょうか？》

それはお寺の「僧侶」でした。日頃から漢文で書かれた仏教の経典を読んでいるので読み慣れていたのです。しかも貴重な本は、経典と一緒に中国大陸から持ち込まれたため寺院に蔵書されていました。現代の図書館ともいえる寺は、古典を学ぶ絶好の場だったのです。

鎌倉から室町時代に流行したのが「五山文学」です。この文学とは、学問全体のことを意味しています。京都五山（南禅寺《なんぜんじ》・建仁寺《けんにんじ》・東福寺《とうふくじ》・天龍寺《てんりゅうじ》・相国寺《そうこくじ》・万寿寺《まんじゅじ》）と鎌倉五山（建長寺《けんちょうじ》・円覚寺《えんかくじ》・寿福寺《じゅふくじ》・

浄智寺《じょうちじ》・浄妙寺《じょうみょうじ》）があって、全て禅寺（臨済宗）でした。幕府から庇護（支援）も受けていたのです。

京都五山の建仁寺で学んできたのが「太原雪斎《たいげんせっさい》」。雪斎長老と尊敬されて呼ばれた人物で、今川義元の師匠であり、徳川家康の師匠でもあった人物です。

太原雪斎の両親は今川氏の重臣である庵原氏と興津氏。名字からどこに住んでいるのか直ぐに分かりますね。清水区の庵原地区と興津地区です。庵原氏の館は庵原小学校の近くにありました。

《武家の出身者が、何でお寺にいるのか不思議に思いませんか？》

この時代、男兄弟が多いと、家の当主を誰が継ぐのかの争い（家督争い）が起こりやすく、家臣団が分裂する前例が多かったため、長男以外はお寺に入門させられました。家の存続を優先させた考え方で、心配な芽を早めに摘んでおいたのです。

雪斎は9歳で出家しました。最初は富士市の善得寺にいましたが、とても優秀な子どもだったので14歳の時に最高峰の建仁寺で修行するよう勧められます。当時の建仁寺は学問・文化の中心だったからです。雪斎はここで当時の最高レベルの学問を身に付けて「建仁寺の秀才」と呼ばれます。仏教の経典だけでなく、戦いに勝ち抜くための智恵の書『武経七書《ぶけいしちしょ》』も熟読しています。足利将軍に呼ばれて講義するほどでした。「将来役立つ時がきっと来る」と予想していたのかもしれません。その噂を聞きつけた義元の父親（氏親）が、五男義元の養育係を頼んだのです。この時は義元に長男を支える柱になってほしいと願ったのでしょう。雪斎は自分自身の修養を続けたいと願って断りましたが、3回もの要請があって受諾します。今川義元はわずか4歳で家族と別れて、富士の善得寺に雪斎と共に出向くことになりました。

学問の修得には大きく二つの方法がありました。「素読」と「師匠との問答」です。書物のことや日常の疑問などを、互いに質問したり答えたりして理解を深めながら奥深い極意まで到達させようとするのが「師匠との問答」なのです。

ですから戦国時代の優れた武将には、必ず優れた師匠（禅僧）がいました。

今川義元・徳川家康には太原雪斎、上杉謙信に天室光育《てんしつこういく》、伊達政宗に虎哉宗乙《こさいそういつ》と、名師匠のもとで卓越した武将が育っていったのです。

師匠である雪斎は、生涯に亘って自らも学び続けようとする信念に満ちた人でした。

照らす鏡
太原雪斎の言葉

おのれの才がたかだか知れたものと観じきってしまえば、無限に外の智恵というものが入ってくるものだ。

《訳》自分の才能など大したことないのだと謙虚な心をもてば、万物すべて、そして万人が自分の先生となって智恵を授けてくれるのだ。

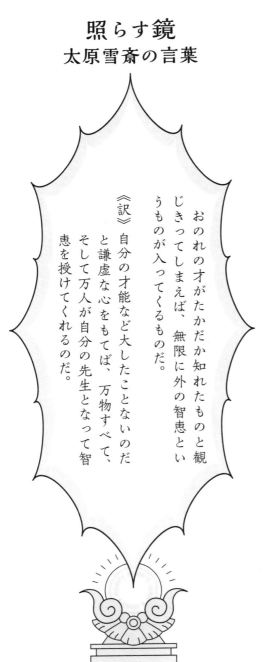

第6話

師匠の太原雪斎は寺の和尚さんなのに、合戦の総大将になって出陣していた。

「本当」でしょうか？

「うそ」でしょうか？

正解は「本当」です。

今川家の総大将として、前線で何度も陣頭指揮を執っていました。雪斎にはいくつもの顔があります。

一つ目の顔が僧侶。仏教の高僧に対して敬意も込めた長老を付けて「雪斎長老」と呼ばれていました。静岡市葵区大岩に「臨済寺」を創建したり、清水区「興津清見寺」の中興の祖（再び盛り上げた）であったり、その他多くの臨済宗の寺を興したりして仏教界への指導力がありました。天皇から徳の高い禅僧だけに贈られる称号「禅師《ぜんじ》」を、死後に授かったことからも分かります。

二つ目の顔は宰相。太守である今川義元の右腕となって政治を執り行いました。「黒衣《こくい》の宰相」と人々は呼びました。黒衣とは僧侶が着る墨染めの衣のこと。京の都で長らく修行していたため、天皇家や将軍家との交流が深く、全国の情報収集や分析にも長けていました。

三つ目の顔が軍師。今川家の多くの戦で総大将として戦って負け知らずでした。少年時代から軍略書を読み込んで体に染みこませていたのです。正確な情報分析や一歩先まで見通す戦略から「神のごとき知謀」と他国から恐れられていました。「神のごとき知謀」が発揮された、二つの事例を紹介しましょう。

（1）人質奪還作戦【安祥城《あんじょうじょう》の戦い】

尾張の人質となってしまった三河の松平家の長男（家康）を、確実に今川家へ取り戻す方策がないかと考えあぐねていました。これという良策が浮かびません。

《みなさんなら、どんな良策をひねり出しますか？》

「忍者を放ってこっそり連れ出す策」では、失敗する可能性が高過ぎます。「尾張を一気に攻める策」では、時間も被害も甚大な上に確実でもありません。

そこで雪斎が考えたのが、「人質を交換する策」。尾張の織田信長が欲しがる人質を手に入れて、家康と交換させる状況をつくる。実現すれば確実に家康を戻すことができそうです。でも、この策には難題がありました。どこに織田家が交換したくなるような人がいるのか。もし居たとしても殺めたり切腹させたりせず、生きたまま捕らえる離れ業ができるのか。実現までのハードルが余りに高く、不可能とさえ思われました。

信長の兄（信広）が安祥城の城主であることにいち早く目を付けたのが、雪斎です。信長の兄を生け捕りできれば、織田家はきっと人質交換に応じるはずだと推察したのです。自ら発案した難しいミッションに、雪斎自らが総大将で出陣します。計画通りきっちり成功させて、人質交換も無事に済ませて駿府に帰ります。徳川家康の駿府11年間の生活は、この時から始まったのです。

（2）奇跡の三国同盟【甲相駿《こうそうすん》三国同盟】

親子や兄弟でさえ命を奪い合った戦国時代にあって、他国との同盟が守られることなどまれでした。そんな時代に今川家がまとめ役となって、甲州の武田信玄、相州の北条氏康と「三国同盟」を実現させたのです。

《奇跡の同盟を実現させるために、どのような説得をしたのでしょうか？》

三国には運良く年齢が近い男女がいること、背後に強敵を控えてそちらの戦いに専念したいことに雪斎は目を付けました。同盟することのメリットを、足を運んで直接交渉したのです。戦国時代に極めて珍しい平和的な「三国同盟」は、発案と交渉役が雪斎だったのです。この同盟は互いに干渉しない程度の表面を繕《つくろ》ったものではなく、敵国との戦闘の際には援軍を送って手助けするまで踏み込んだ本格的な同盟でした。

四つ目の顔が文化人。静岡で初めての刊行物（手書きでなく印刷）を木版で出版したのは雪斎でした。中国歴史本と漢詩の参考書を出版しています。大御所であった徳川家康による「駿河版銅活字」の出版は、文化を広めることで国を豊かにできるとの師匠の願いを受け継いでいるように思われてなりません。

五つ目の教育者としての顔も忘れてはなりません。海道一の弓取りと呼ばれた「今川義元」、我慢の末に天下人となった「徳川家康」の師匠なのですから…。

照らす鏡
甲斐の武田信玄が家臣に語った言葉

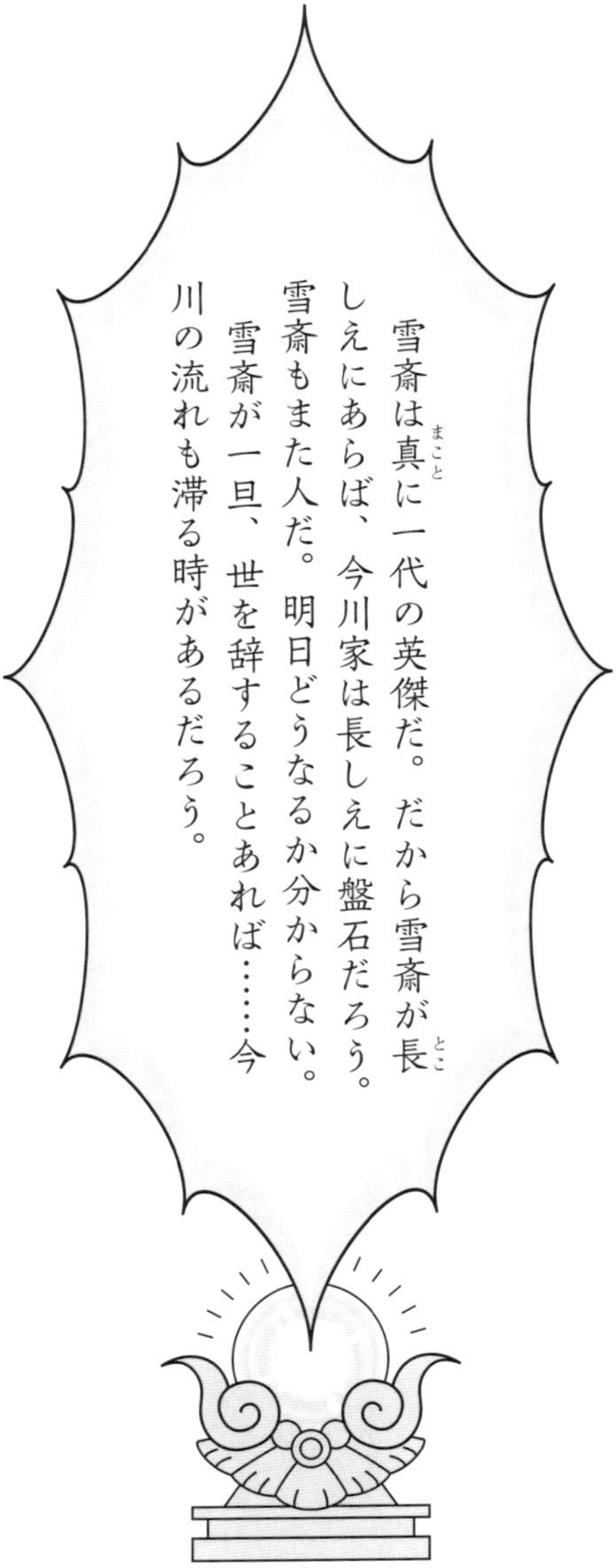
雪斎は真《まこと》に一代の英傑だ。だから雪斎が長《とこ》しえにあらば、今川家は長しえに盤石だろう。
雪斎もまた人だ。明日どうなるか分からない。
雪斎が一旦、世を辞することとあれば……今川の流れも滞る時があるだろう。

第７話

名門の家に生まれた今川義元は、文武に優れた武将であった。

「本当」でしょうか？

「うそ」でしょうか？

正解は「本当」です。

東海道で強大な戦国大名であったことから、「海道一の弓取り」とまで呼ばれていました。駿河の今川家は、京都の将軍足利家につながる名門の家柄。「御所（将軍家）が絶えれば吉良が継ぎ、吉良が絶えれば今川が継ぐ」と、将軍にもなれる別格の地位にありました。

将軍の足利義教《よしのり》から「義」の字を授けられ「義元」と名乗ることが許されて、副将軍の称号までも与えられていたのです。

《義元は、家柄に恵まれただけのお飾りの武将だったのでしょうか？》

全く違っていました。武芸に長けて領地の経営にも優れていたので、「海道一の弓取り」と称えられる実力ある戦国大名だったのです。

義元は、1519年（永正16年）に駿河国守護を務める今川家の正室（寿桂尼）の五男として生まれます。第一子でなければ家督相続の可能性が少ないとはいえ、後の今川家の柱となる可能性のある子。京都に今川家と縁深い優秀な僧侶がいると候補に挙がったのが「太原雪斎」です。養育係にと指名された時、雪斎は27歳。学問の聖地であった京都の建仁寺での修行に励んでいる最中でした。たび重なる要請を断わりきれず、3度目に承諾しました。京都から帰るとすぐに、わずか4歳の義元と共に雪斎が修行していた富士市の「善得寺」に入山します。この後、二人は30年以上、一緒に人生を歩むことになります。

師匠の雪斎は義元に対して、僧侶として経典ばかりでなく、なぜか武士の頭領に相応しい鍛錬も授けています。雪斎が建仁寺から妙心寺に修行寺を移る時も、いつも一緒です。公家に若い義元を紹介して、和歌を詠み合う交流なども経験させます。

妻子を持つことを許されない禅僧の雪斎と幼児期に親から離された義元。互いの立ち位置がいかに変化しようとも、二人は片時も離れることなくずっと伴走し続けます。

高僧の師匠と弟子、人生の先輩と後輩、今川家の太守と宰相・軍師…。戦国の荒波にも決してぶれることのない頼りがいのある師匠と幼きより手塩にかけて育て何でもそつなくこなす優秀な弟子、二人は親子以上の深い信頼と愛情で強く結ばれていたのでしょう。

義元が幼き頃に付けられた法名が「梅岳承芳《せんがくしょうほう》」。故事の「梅檀《せんだん》は双葉より芳《かんば》し」から名付けられるほど、将来大器となると期待される優れた子どもだったのでしょう。

ところが長男氏輝が若くして亡くなります。「花倉の乱」(三男との跡目争い)に勝利した五男義元が家督を継ぐことになります。将軍家からのお墨付きが義元に下り潮目が一気に変わったからです。雪斎がいち早く将軍家に働きかけて道筋をつけておいたのでした。

《「戦国三大文化都市」と呼ばれた城下町をご存じでしょうか？》

荒廃した戦乱の世にあって、豊かで進んだ文化圏を創り上げた戦国大名がいました。

越前(福井)の朝倉氏、周防《すおう》(山口)の大内氏、そして駿河の今川氏です。当時の駿府は、京都の公家が往来したり全国の商人が行き来したりして「小京都」と呼ばれる華やかな文化圏でした。

今川家は政策も先進的だったのです。「検地」を実施して田畑の取れ高を正しく把握しようとしたり、「楽市楽座」など商業重視の政策を打ち出したりしたからです。これらの政策は、信長や秀吉の専売特許ではなかったのです。

驚くことに、足利幕府に従う守護大名ではなく、自分の実力と責任で国を治めていく戦国大名へ脱皮する決意を力強く宣言したのは、義元が最初です。「今川仮名目録追加」（今川家が国を支配する最も大切な法律）に明文化されています。全国の戦国大名の分国法の中で、今川仮名目録は分国法の最高傑作と呼ばれるほど先進的で完成度が高いものだったので、後の大名たちが模範としました。

照らす鏡
「今川仮名目録追加」
今川義元の戦国大名宣言

「ただ今はおしなべて自分の力量をもって、国の法度を申しつける」

《訳》これからは自分の力で国の法律を定めて支配していくつもりだ。

自他共に認める実力に裏打ちされた自信と、名門の家柄であるプライドがにじみ出た力強い一文ですね。

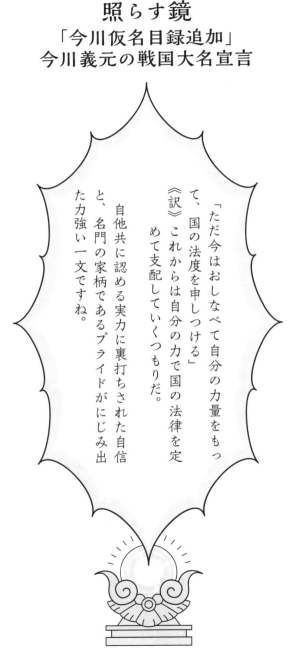

第8話

今川義元の最期となってしまった桶狭間の合戦に、師匠の雪斎がいなかった。

「本当」でしょうか？

「うそ」でしょうか？

正解は「本当」です。

義元の命運が尽きた「桶狭間の合戦」の場に、雪斎は立ち会うことができなかったのです。

雪斎は4歳の義元（幼名：芳菊丸）に出会ってから、片時も離れていません。修行する寺を変える時も一緒。見聞を深めたり人脈を広めたりするのは義元のため。義元が国主になるといつも傍らにいて、戦乱の世を二人で渡ってきました。今川家の全盛時代は、この二人が創り出したといえるでしょう。

国主になる前の少年時代の義元と師匠の雪斎は、二人だけで富士から駿府、駿府から京都へ頻繁に旅をしました。街道や宿場が整備されていない当時です。幼い義元にとって長旅は、さぞ辛かっただろうと推測されます。それを案じて、雪斎は安心して泊まれる寺を確保しておいたことでしょう。幼い義元を連れての旅ですから何が起こるかわかりません。「お師匠、足が痛くてこれ以上は歩くのが無理でございます」と泣かれて野宿する羽目になったこともあったでしょう。火の粉が飛び散るたき火の脇で、獣の遠吠えに身を縮めて体を寄せ合って眠りにつく二人の姿が瞼《まぶた》に浮かびます。互いに苦難を乗り越えたり慈しみあったりした結びつきの強さは、格別だったことでしょう。

その後、義元・雪斎の二人三脚で今川家は全盛時代を迎えます。駿府・遠江・三河・尾張の一部へと領土が最大に広がり、繁栄する駿府には京都の貴族や各地の商人が次々と集まってきます。金山の発掘や産業振興で庶民の生活も安定していました。

雪斎は徳川家康にも、義元と同じようなリーダー教育をしたようです。三河や尾張を治める同盟国のリーダーとなってほしい、義元の長男（今川氏真）の良き相談相手になって今川家を支える柱になってほしい、と強く期待していたのでしょう。

今川家が三河や尾張を攻略する戦いは、すべて雪斎が総大将。太守である義元に命の危険が及ぶことはさせませんでした。「お屋形様は、駿河で安心して国の統治を進めてくだされ。面倒な争いは、この長老にお任せあれ！」と語りかけたことでしょう。僧がまとう墨染めの衣の上に武具を着けた出で立ちで、馬に跨がって何度も出陣しました。

「桶狭間の戦い」は、少数の織田信長軍が多勢の今川義元軍を奇襲攻撃で破ったことで有名な戦いです。ここで誰もが抱く疑問があります。

《今川軍は織田軍の10倍近い戦力を持ちながら、なぜ敗れてしまったのか？》

いろいろな説が語られたり、新たな文書が発見されたりしてマスコミでも多く取り上げられます。しかし私には、いつも大切な一点が語られていないように思われるのです。それは、「合戦の場に頼るべき師匠の雪斎がいなかった」という事実です。

《ずっと二人三脚で歩んできた雪斎が、こんな大事な場面になぜいなかったのか？》

実は、桶狭間の戦いの5年前に亡くなっていたのです。実姉が住職を務める藤枝の「長慶寺」で療養した後、61歳で静かに息を引き取っていました。

「海道一の弓取り」が討ち取られてしまうとは世間はもちろんのこと、義元本人も微塵たりとも考えていなかったことでしょう。

《敵軍に取り囲まれて命が果てようとする時、義元は何を思ったのでしょうか？》

師匠であって、軍師であって、参謀であって、32年間も肉親以上に強い信頼関係であった雪斎のことが、真っ先に脳裏に浮かんだことでしょう。

「師匠とずっと夢見た国づくりが実現できずに、無念だ！　悔しい！　申し訳ない！　お師匠様!!」

雪斎は死の床で今川家の安寧と繁栄を夢見ながら、そして戦乱の世が収まった平和の世を願いながら大往生していたからです。愛弟子であった義元を心底から信頼する師匠の穏やかで達観した晩年の言葉に、涙がこみ上げてきます。

照らす鏡
義元の師匠「太原雪斎」晩年の言葉

高く業鏡《ごうきょう》を懸《か》けて六十年に満つ。手に任せて槌《つち》を砕き、生《せい》を平らかに飄然《ひょうぜん》とす。

《訳》高い理想を掲げて歩んだ60年だった。槌で砕くように人生を切り拓いて世が治まってきたから心穏やかで、今は無我の境地である。

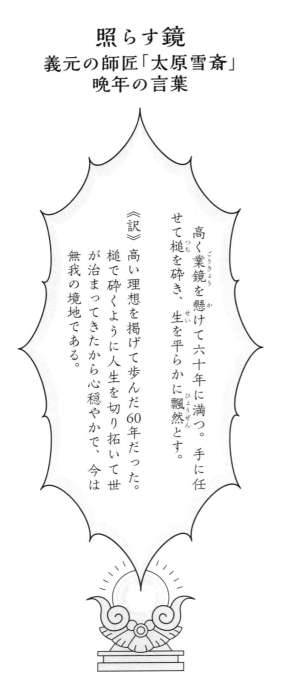

第三章

平和の使節に歓喜する

朝鮮通信使の大行列が東海道を歩んだ

江戸時代

登場人物

徳川家康

松雲大師

徳川家光

雨森芳洲

第9話

家康は、まずは国内の安定だけを考えて外国との友好まで考えていなかった。

「本当」でしょうか？

「うそ」でしょうか？

正解は「うそ」です。

徳川家康は、周辺国との友好なくして国内の安寧《あんねい》（天下太平）は実現できない、と考えていました。

江戸時代というと「鎖国」を思い出します。外国から国を閉ざして貿易を厳しく、日本人や外国人の出入りを禁止した政策です。ところが江戸幕府は完全に国を閉ざしていたのではなく、四つの窓口を開けていました。

一つ目が長崎の出島。幕府がオランダと中国に限り交易（貿易すること）を統制していました。オランダと中国は通商（商売の相手）の国でした。

二つ目が薩摩藩を窓口とした琉球国の交易と交流。琉球王朝からの使節が18回もこの東海道を往来しました。

三つ目が松前藩を窓口としたアイヌ人との交易です。松前は北海道です。

四つ目が対馬藩を窓口にした「朝鮮通信使」。朝鮮国を通信の国と位置づけていました。「通信」とは通信衛星などの連絡する意味ではありません。「信」には、誠実とか真実の意味があり、朝鮮国とは誠実に仲良く、対等な友好関係を結ぶ国と位置づけていたのです。友好の証として、第1回目の使節が早くも1607年（慶長12年）に来ています。

江戸幕府が開かれる直前に何があったのでしょうか。全国統一した豊臣秀吉が、周辺国への侵略を始めたのです。明の国（中国）を征服しようと野心を抱いた豊臣秀吉が、通り道にあった朝鮮国へ一方的に侵略戦争を仕掛けました。「朝鮮出兵」では、2度も大軍を送り込んで、朝鮮の人々に大きな被害と苦痛を与えました。秀吉の死をきっかけに軍隊を引き上げたのが１５９８年（慶長3年）です。大義がない上に日本軍も疲れ切っていたので、留守居をしていた徳川家康が退却の指示を出したと言われています。

朝鮮国は戦争する意思など全くなかったところに、いきなり戦争を仕掛けられて大きな被害と苦痛を味わったのです。戦争相手の日本に対して朝鮮の人々がどのような感情をもっていたのか、容易に想像がつきます。

《その朝鮮国に対して、家康はどのような行動に出たのでしょうか？》

なんと家康は、日本への憎しみや恨みが深くて友好など有り得ないと考えているはずの朝鮮国王に手紙を自ら送るのです。「隣国同士として仲良くしていきましょう！」との内容です。朝鮮国王は怒って、あきれて、混乱して、しばらくして真意を探りたくなりました。「この徳川家康とは、いったいどんな人物なのだ？」実は、朝鮮国も隣国の日本と、できれば友好を結びたかったのです。そこで交渉役に、僧侶としても戦争の総大将としても信頼の置ける松雲《そんうん》大師に全権を委ねます。軍隊を引き上げてからわずか7年後の１６０５年（慶長10年）、家康と大師は伏見城で対面します。この時、二人は互いの人間性と友好を願う気持ちに偽りがないことを確信し合ったのでしょう。ここから「回答兼刷還使《かいとうけんさつかんし》」、後の「朝鮮通信使」が始まったからです。「刷還」とは秀吉が朝鮮国から連れてきた捕虜の返還のことで、当初は文化交流だけではなかったのも事実です。

不可能の扉をこじ開ける奇跡を成し遂げたのは、家康と大師の魂をぶつけ合った直接交渉（出会い）があったからなのです。

過去にとらわれずに未来に目を向けた家康の大局観、敵国だった日本に命懸けで交渉に臨んだ大師の胆力・勇気など、紛争が絶えない現代こそ、朝鮮通信使の始まりから学ぶことは尽きません。

それから約４００年後の２０１７年（平成29年）10月31日。「朝鮮通信使に関する記録」が、ユネスコ（国連教育科学文化機関）から「世界の記憶（旧　記憶遺産）」に登録されました。世界中から人類の記憶に留めておくべき大切な価値がある、と認められたのです。

照らす鏡

ユネスコの登録文書
「朝鮮通信使に関する記録」より

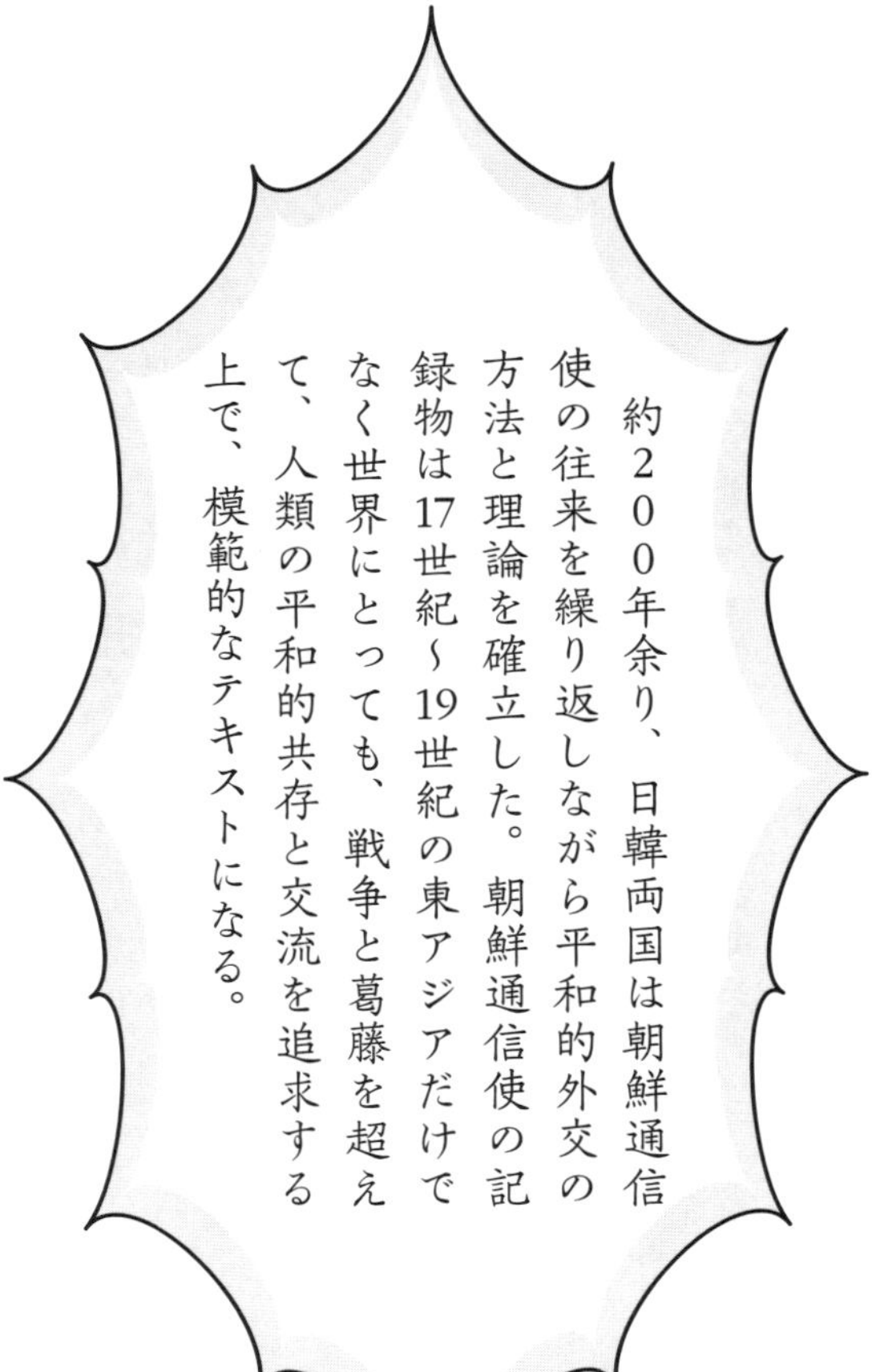
約２００年余り、日韓両国は朝鮮通信使の往来を繰り返しながら平和的外交の方法と理論を確立した。朝鮮通信使の記録物は17世紀～19世紀の東アジアだけでなく世界にとっても、戦争と葛藤を超えて、人類の平和的共存と交流を追求する上で、模範的なテキストになる。

ユネスコから
「世界の記憶」として価値を
認められたのは、建物であった。

「本当」でしょうか？

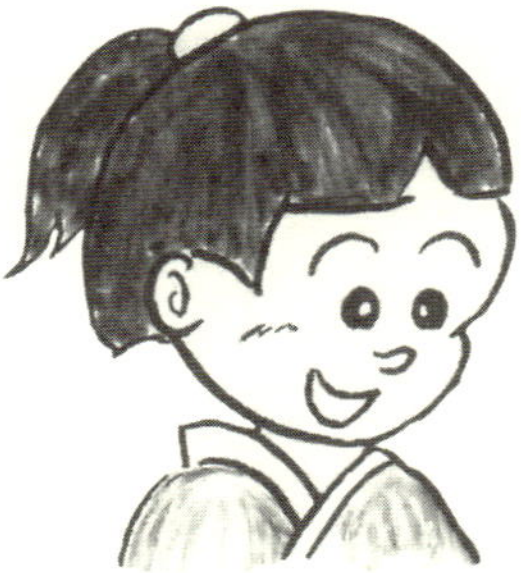

「うそ」でしょうか？

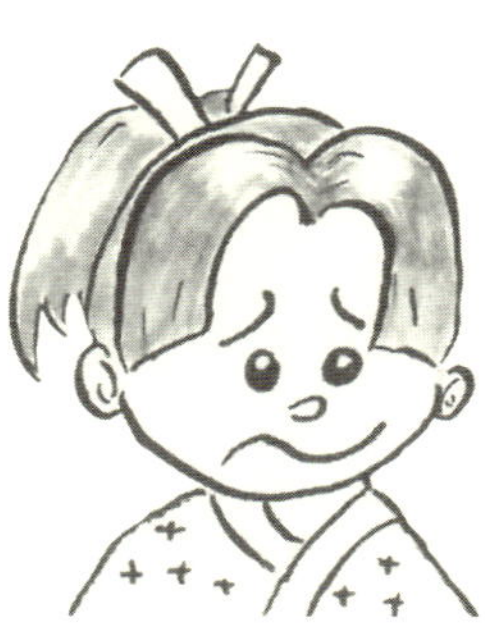

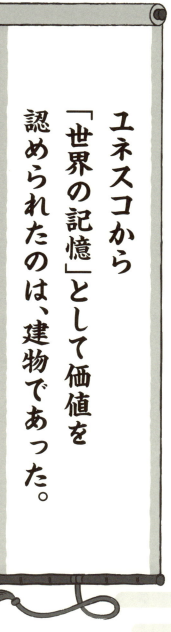

正解は「うそ」です。

建物ではなく、文書や日記や詩文などの様々な記録群です。本部がパリにある国際連合教育科学文化機関、通称ユネスコから「世界の記憶」として価値が認められたのは、「朝鮮通信使に関する記録17世紀～19世紀の日韓間の平和構築と文化交流の歴史」です。日韓両国で討議を重ねに重ねて共同申請して、ついには実現させる快挙に至ったのでした。

申請までに隣国同士が深くディスカッションを重ねて合意を積み上げてきた、交流の過程も尊いことです。登録された数は、日本側が２０９点　韓国側が１２４点　合わせて３３３点です。「朝鮮通信使に関する記録」とはいったい何なのか？　大きく三つに分類できます。

（１）「朝鮮国書」などの公式記録や外交文書　〝外交の記録〟
（２）「使行録や記録画」などの朝鮮国の首都漢陽から日本首都の江戸まで往復４５００㎞に及ぶ旅での出来事や見聞したことの記録物　〝旅程の記録〟
（３）「詩文、筆談、絵画など」朝鮮通信使が往来して政治家や文化人や民衆に至るまでの活発な交流の足跡　〝文化交流の記録〟

その中で群を抜いて登録数が多いのが興津清見寺の所有するものです。日本側の登録件数の約４分の１

（48点）を占めています。

静岡市の清見寺は、3カ所ある「国指定の朝鮮通信使遺跡」の一つであることをご存じでしょうか。学校使用の帝国書院地図にも載っています。他の2カ所は広島県福山市鞆町《ともちょう》の福禅寺《ふくぜんじ》と岡山県瀬戸内市牛窓の本蓮寺《ほんれんじ》で、いずれも瀬戸内海の町です。

《同じ国指定遺跡でも、東海道にある清見寺と、瀬戸内海の港町にある福禅寺や本蓮寺に到着する違いは何でしょうか？》

それは、交通手段の違いなのです。釜山から大阪まで大型船で移動して大阪から京まで和船で淀川を上り、京から江戸は東海道を徒歩で移動していたからです。

清見寺が所蔵している扁額《へんがく》を紹介しましょう。

＊山門に掛かる「東海名区」の扁額《へんがく》…日本は、朝鮮の東の海にある景勝地である

＊仏殿に掛かる「興国」の扁額…清見寺の興国禅寺の文字で、国を興す場所となる

＊鐘楼（鐘撞き堂）に掲げられた「瓊瑤《けいよう》世界」の扁額…後世の通信使たちの道しるべとなった

本堂に入ると掛板《かけいた》の多さに圧倒されます。こんなにも通信使の痕跡が残っている場所は、日本中どこにもありません。

扁額も掛板も同じ文字を板に彫り込んだものですが、「扁額《へんがく》」は文字が大きく書かれた板で、「掛板《かけいた》」とは詩文が書かれた小さめの板のことを指します。

《なぜ興津清見寺に、朝鮮通信使の残した足跡がこれほど多いのでしょうか？》

大きな理由が三つ考えられます。
一つ目は、1回目から通信使が、泊まったり立ち寄ったりする場所であったから
二つ目は、目の前に広がる清見潟が景勝地として語り継がれてきたから
三つ目は、徳川家康が仕掛けた催し（大イベント）があったから
意外と三つ目の影響が大きかったのではないか、と私は推察しています。

照らす鏡
清見寺 鐘楼《しょうろう》に掲げられた 朴安期《ぼくあんき》の扁額

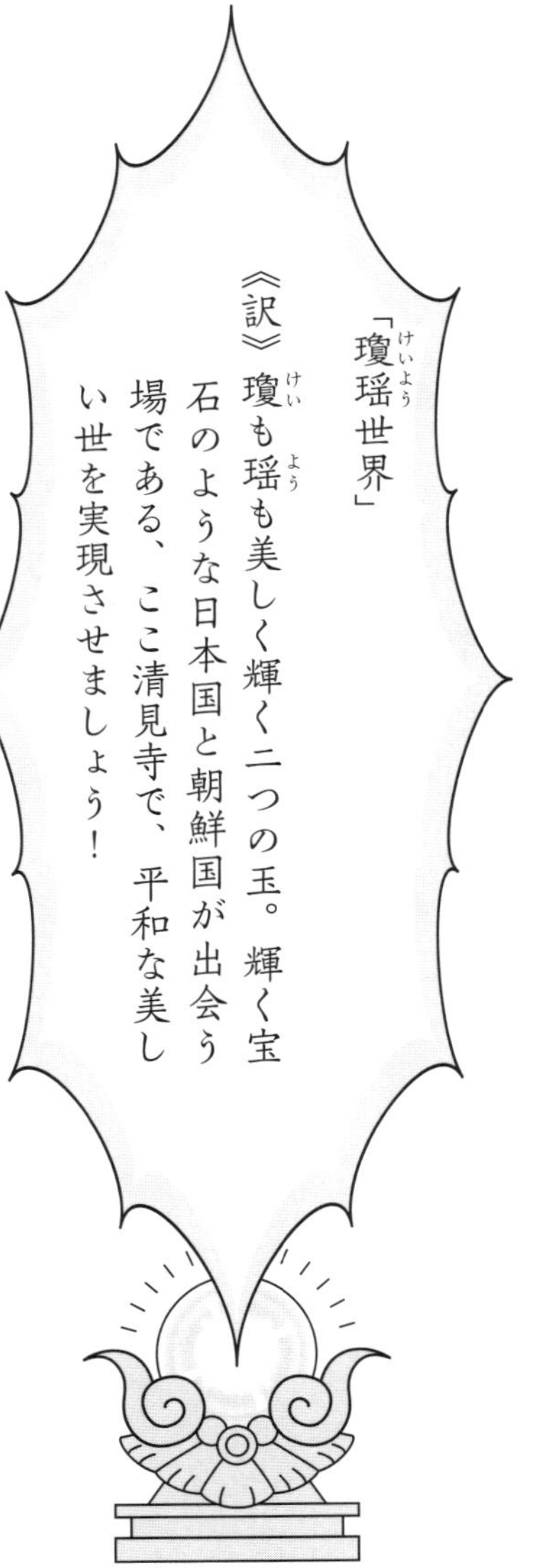
「瓊瑤《けいよう》世界」
《訳》瓊《けい》も瑤《よう》も美しく輝く二つの玉。輝く宝石のような日本国と朝鮮国が出会う場である、ここ清見寺で、平和な美しい世を実現させましょう！

第11話

家康自らが考えた朝鮮通信使を
喜ばすもてなしは、海の幸が
てんこ盛りの料理であった。

「本当」でしょうか？

「うそ」でしょうか？

正解は「うそ」です。

家康が考えついたもてなしは、料理で歓待するといった通常の内容でなく、仰天させる大演出でした。

このエピソードは、「なぜこれほど、興津の清見寺に朝鮮通信使の残した物が多いのか?」を解き明かす3番目の鍵になります。

一つ目が、通信使が、泊まったり立ち寄ったりする場所であったこと。

二つ目が、前に広がる清見潟が景勝地として語り継がれてきたこと。

そして三つ目が、家康が仕掛けたこの大がかりなイベントだったのです。

朝鮮通信使に対して思い入れが特に強い家康は、第1回目の通信使を喜ばせる方法を自ら思案します。各地では当時の日本で最上のもてなし料理である「饗応《きょうおう》料理」が振る舞われていました。江戸で将軍秀忠に国書を渡し終わった帰りで、さぞや疲労困憊《こんぱい》であろう。饗応料理にもほとほと食べ飽きてきた頃だろう。ならば、疲れが吹き飛ぶほど驚かせるパフォーマンスを仕掛けたいものだ、と心底悩みます。その時に想い出したのが、駿府で過ごした少年時代の一場面でした。国主である今川義元が公家の山科言継《ときつぐ》を仰天させた大がかりなある演出を、間近で見ていたからです。

《通信使を仰天させた演出、大がかりなイベントとはいったい何だったのでしょうか?》

それは、「清見潟の船遊び」でした。現代風に表現すると「クルーズツアー」。

清見寺前から、鮮やかな金銀に彩られた漆《うるし》塗りの和船に乗せて、波が静かな清見潟に漕ぎ出します。五艘の豪華船は仙人が住む島（蓬莱《ほうらい》の島）と通信使が信じている三保の青い松原、白い砂を目指して船を進ませます。すると左手後ろから、白い雪をいただいた富士山が薩埵峠の背後にすっくと現れるのです。通信使たちは海から臨む勇姿に思わず息を呑んだことでしょう。

でもこれで終わりではありません。家康はさらに大仕掛けを用意してありました。三保の先端、真崎方面から、なんと「南蛮船」を出現させたのです。予め呼び寄せて待機させてあったのでしょうか、心憎いばかりの大演出です。南蛮船とは当時のヨーロッパの船。船首に黄金の獅子と龍がにらみを効かせて大海を邁進するその当時最大の大型船、なんと全長が１００ｍもあったようです。南蛮船を初めて見た通信使一行は度肝を抜かれます。朝鮮通信使は毎日の行動記録を「使行録」として残していました。普段の記録はあっさり数行で済ませているのですが、清見潟遊覧日の記述文章だけは極端に長くて、南蛮船のことが克明に記述されています。通信使たちの大きな感激と深く刻まれた感動が伝わってきます。仰天させる家康の作戦は、見事に心の奥底を射止めたのです。通信使一行は大きな感動を深い感謝として、早速行動を起こします。

《さて、どのような行動をとったのでしょうか？》

責任者（正使・副使・従事官）の三役が漢詩（七言絶句）を書き残したのです。３人揃って詠むことはとても珍しいので、清見寺では貴重な品として板に彫って、目立つ本堂に掲げて後世に残しました。

現代にまで残された実物の扁額や掛け板を目の当たりにした時、この地で展開されたダイナミックな歴史ドラマが蘇ってくるようです。

《2回目以降の通信使たちは、どのように受け止めたでしょうか？》

清見寺に立ち寄って、初代の感激に大きく感化されたのでしょう。書や漢詩や水墨画などを、彼らの意思を引き継ぐかのように多数残していきました。

帰路でようやく大御所家康に対面できた通信使は、家康の印象や固い決意をきちんと記録に残しています。

照らす鏡
通信使が朝鮮王に報告した記録「使行録」より

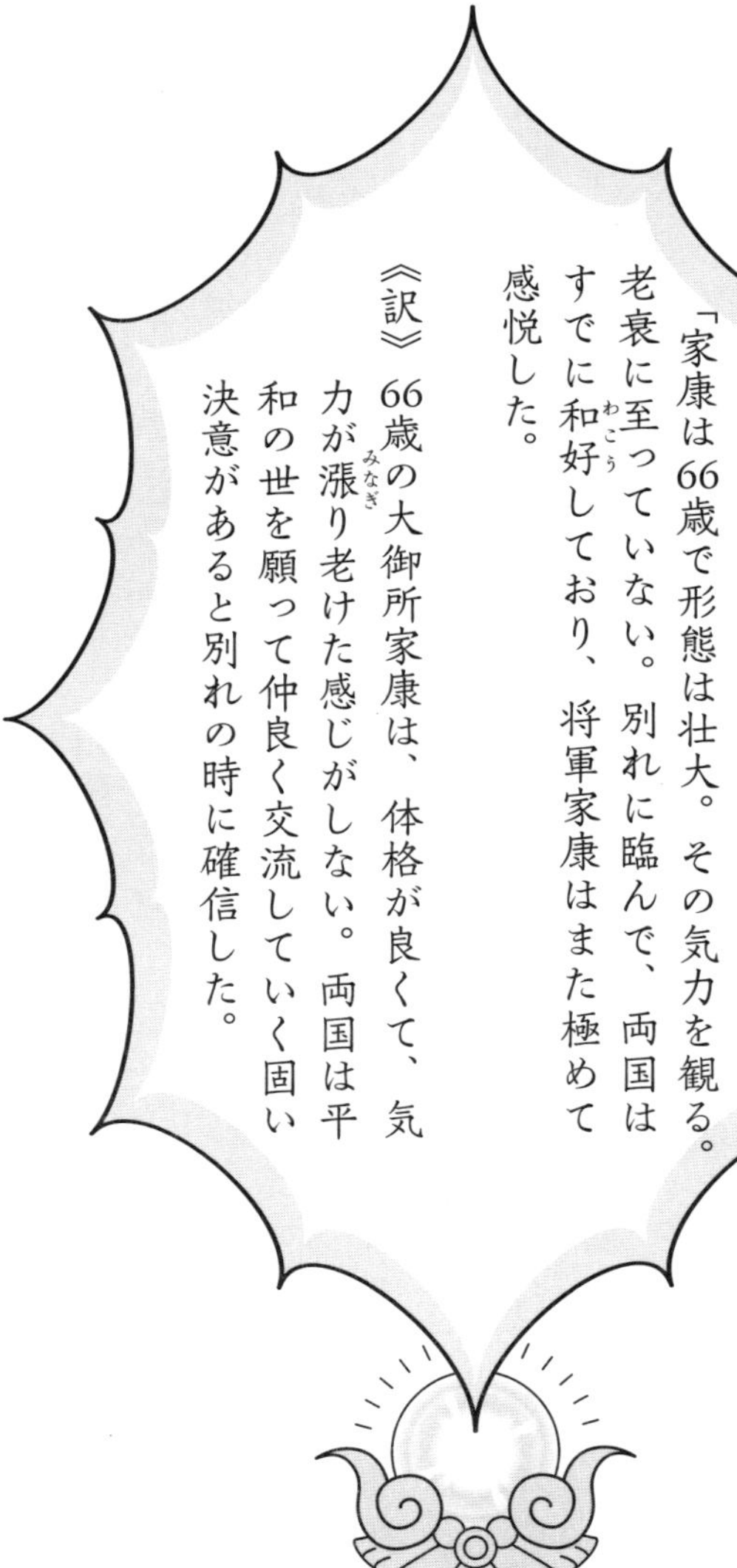
「家康は66歳で形態は壮大。その気力を観る。老衰に至っていない。別れに臨んで、両国はすでに和好《わこう》しており、将軍家康はまた極めて感悦した。
《訳》66歳の大御所家康は、体格が良くて、気力が漲《みなぎ》り老けた感じがしない。両国は平和の世を願って仲良く交流していく固い決意があると別れの時に確信した。

第12話

通信使のスタートで交わした重大な国書は、両国とも偽物《にせもの》だった。

「本当」でしょうか？

「うそ」でしょうか？

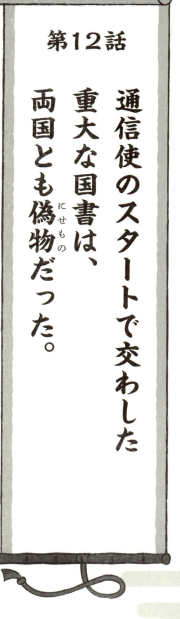

正解は「本当」です。

信じられないことに、両国の国書は共に偽造されていたのです。

日本の朝鮮出兵による戦で互いに血を流した日本国と朝鮮国は、未来の平和に目を向けたリーダーたちにより、友好の扉が開かれました。東海道では朝鮮の使節を見物する人々が街道に押し寄せて大賑わいでした。次第に、漢詩を唱和し合ったり、直筆の書を要望したりと人々との交流が始まっていきます。

そんな矢先、日本を揺るがす大事件が起こります。

3代将軍徳川家光の治世。大名を強い力で束ねるため「武家諸法度」を定め、1年おきの参勤交代や大名の妻や子を人質として江戸に住まわせるなど、着々と幕府の地盤を家光は固めていきます。この盤石と思えた太平の世に、「対馬藩」から耳を疑うようなとんでもない訴えが沸き起こったのです。

「朝鮮国と交わした国書は、互いに偽物でした！」

対馬藩は、朝鮮通信使の交渉や誘導や接待など、すべてを取り仕切る重大な役目があります。この機密情報を漏らしたのは対馬藩の家老、柳川。対馬藩内部が、藩主派と家老派で激しく対立する中、家老が藩主を裏切って内密の情報をばらしてしまったのです。

幕府は偽りや誤りであってほしいと願いながら、偽国書疑惑の調査を始めます。しかし、訴え通り国書偽造は紛れもない事実であることが判明し、衝撃の真実が白日の下にさらされてしまいました。

この偽造事件を説明するには、初代将軍の徳川家康まで遡る必要があります。

家康は朝鮮国と友好を望む手紙を朝鮮王に出しました。日本から侵略戦争を仕掛けられたばかりの朝鮮国は大紛糾しました。講和のために絶対譲れない三つの条件を、混乱の末に絞り出します。

1. 謝罪を入れた国書を朝鮮王に送ること
2. 戦争中に王家の墓を荒らした犯人を引き渡すこと
3. 日本へ強制連行した朝鮮人を帰すこと

交渉役の対馬藩は将軍よりも先に、この3条件を知ることができました。2と3は何とかなりそうです。でも1は絶対に無理です。なぜなら「朝鮮出兵」を決断した豊臣秀吉は病気で亡くなっていたからです。江戸幕府を開いた家康は、当初から朝鮮出兵に反対でしたので、「戦争を仕掛けてごめんなさい」の謝罪を書くはずはありません。しかし3条件を履行しなければ、平和交渉が決裂してしまいます。朝鮮との貿易で生活が成り立つ対馬藩にとって、朝鮮国との友好は生きるか死ぬか、文字通り「死活問題」でありました。

《両者の狭間で苦悶する対馬藩は、どのようにして難問を解決したのでしょうか?》

大胆にも、当時の藩主と家老が密談して国書を「偽造」することを決めました。もしばれたら、対馬藩は取り潰され、責任者の死罪は確実です。命を懸けてまで、「平和」を渇望していたのです。

朝鮮国は「今回の国印はおかしくないかい?」と疑いましたが、何より偽国書の内容に喜びました。傷ついた朝鮮国も平和を渇望していたのです。返書を将軍宛に書いて、対馬藩に手渡します。ところがこれを見た藩主と家老はびっくり。「謝罪の国書をありがとう」とあったからです。返書に対馬藩はどのような対応をしたのか。もう乗りかかった船です。謝罪した文面への返事にならないように、朝鮮王の国書まで偽造（修正）してしまいました。ですから、家老の訴えは紛れもない事実であったのです。

《衝撃の真実を知ってしまった3代将軍家光は、どんな裁定をしたのでしょうか？》

江戸城に呼びつけられた藩主と家老は、江戸城大広間で固唾を呑んで裁定を待ちます。

ところが、対馬藩への裁きは意外な内容でした。

「藩主の宗家《そうけ》は無罪。引き続き朝鮮との外交役を任せる。家老の柳川は有罪。流罪追放」

どうしてこのような処断を下したのでしょうか。家光が崇拝していた大御所家康の次の言葉を、重大決断する際の心棒に据えていたのではないかと私は推測しています。

照らす鏡
徳川家康の言葉

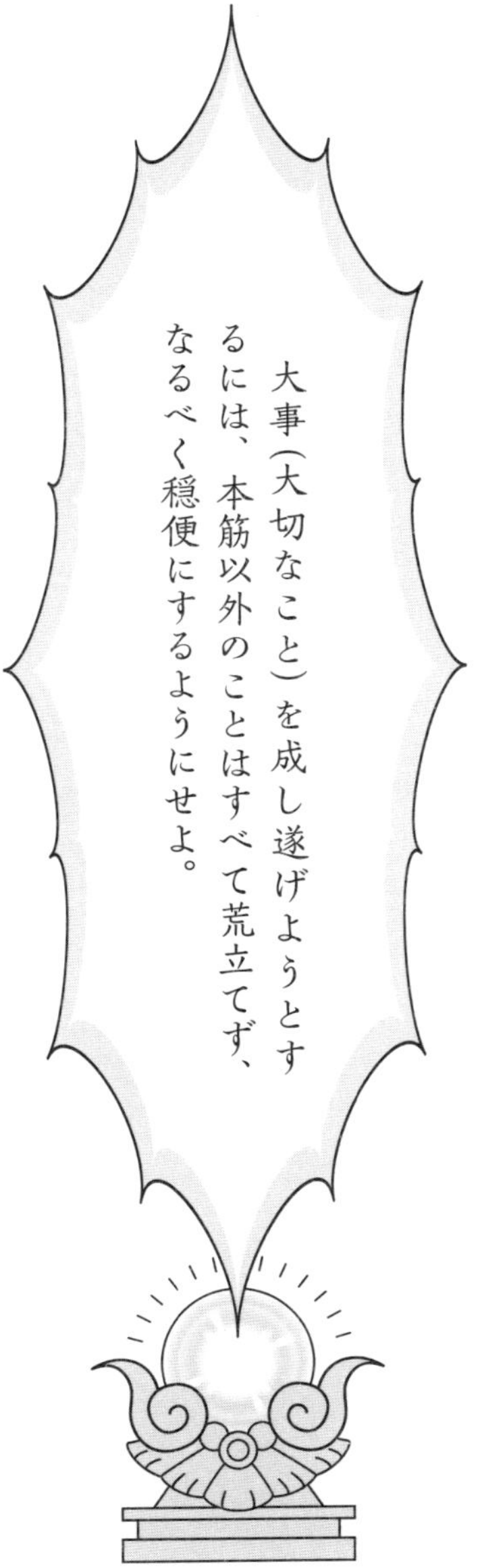
大事（大切なこと）を成し遂げようとするには、本筋以外のことはすべて荒立てず、なるべく穏便にするようにせよ。

第13話

朝鮮通信使は、３００人から５００人もの大人数を整えて日本に来た。

「本当」でしょうか？

「うそ」でしょうか？

正解は「本当」です。

対馬の荒海を渡って何百人もの大人数をしつらえて日本を訪れたことからも、朝鮮国の本気度が伝わってきます。

朝鮮通信使たちは漢城《かんじょう》（現在のソウル）の朝鮮王に挨拶を済ませてから、徒歩で最南端の港町の釜山《プサン》に向かいました。各地からのメンバー全員が集結したところで、何隻もの大型船に乗り込んで日本へ出航しました。

まずは国境の島である対馬《つしま》に渡り、壱岐《いき》に立ち寄ります。それから九州に渡って、瀬戸内の港町を船で訪れながら江戸を目指していきました。国指定の朝鮮通信使史跡の二つ、「福禅寺《ふくぜんじ》」（福山市鞆《とも》の浦《うら》町）と「本蓮寺《ほんれんじ》」（瀬戸内市牛窓《うしまど》町）はいずれも港町にあります。

大阪から大型船を降りて、荷物と人数を減らします。なぜなら、ここから日本の用意した「川御座船」に乗り換えて淀川を上っていくからです。そして京都に到着。京からは東海道。宿場や寺に宿泊したり立ち寄ったりしながら徒歩で江戸へ向かいました。海路と陸路を合わせると約４５００㎞の行程を、半年から1年間かけて往復しています。朝鮮国の代表としての責任はもちろん、朝鮮通信使は体力と気力も求められる大変な役目だったのです。

江戸時代には12回、新将軍の就任や長男誕生のお祝いに訪れました。

清水区の興津では、毎年10月に「朝鮮通信使の再現行列」が催されています。

《通信使のメンバーには、どのような人たちが選ばれていたのでしょうか？》

朝鮮国で一流の人物、特に文化人が選抜されていました。責任者の3人を「三使《さんし》」と呼びます。一行の総責任者が「正使《せいし》」。人柄と恰幅の良さも選ばれる基準でした。補佐役が「副使《ふくし》」で、毎日の出来事を記録して国王に報告したり一行を取り締まったりするのが「従事官《じゅうじかん》」でした。大きな旗をなびかせて先頭を務めるのは「清道旗手《せいどうきしゅ》」、道を清めて歩くとの意味です。長旅ですから医者や料理人も同行しています。絵描き、書道、漢詩の名人まで連れて来ていました。

通信使は外交の任務だけでなく、朝鮮国の文化を披露したり日本と交流したりすることも目的だったので、さまざまなジャンルの名人たちを参加させたのです。静岡市には、朝鮮通信使が揮毫《きごう》した（筆で書いた）ものが、多く残っています。清水区では、駒越の「萬象寺《まんぞうじ》」、梅ヶ谷の「牛欄寺《ぎゅうらんじ》」「真珠院《しんじゅいん》」、吉原の「善源寺《ぜんげんじ》」、興津東町の「海岸寺《かいがんじ》」、由比阿僧の「常円寺《じょうえんじ》」などで、こんな身近に通信使の足跡があふれているとは驚きです。

興津の清見寺には、詩文と筆使いで絶大な尊敬を集めて南壺谷《なんここく》の漢詩があります。後の通信使たちは、彼の詩に韻を踏んで漢詩を創り、尊敬の念を継承していきました。

江戸庶民たちに特に人気があったのが「馬上才《ばじょうさい》」です。馬で駆ける速さを競い合うのではありません。走る馬上で見事な曲芸を披露したのです。馬の背に立つ、逆立ちをする、腹の横に捕まる、2頭の間に挟まるなどの離れ技に、さぞや江戸の人々は目を丸くしたことでしょう。

《この行列の中で、一番大切なものは何だと思いますか？》

もちろん両国の「国書」です。行きは朝鮮王の国書が、帰りは徳川将軍の国書を納めてある「輿《こし》」が、三使たちの先を誇らしく歩んでいたのです。

清見寺で詠まれた、名人と誉れ高い南壺谷の漢詩を味わってみてください。「瀑布《ばくふ》」とは、国指定の名勝庭園に指定されている清見寺にある滝のことです。

照らす鏡

南壺谷《なんここく》の漢詩（一部）

夜　清見寺を過ぎる

日落つれば諸天ひらき　風ひるがえれば大海《たいかい》　波たつ
法縁は始結《しけつ》を憐《あわ》れみ　詩句はかつてよぎりしことを記す
瀑布に橙光《とうこう》乱れ　蒲団に睡味《すいみ》多し
客はゆき留まるをえず　それ月明《げつめい》をいかんせん

第14話

朝鮮通信使の行列が通りやすいように、いつもはない橋を大きな川に架けた。

「本当」でしょうか？

「うそ」でしょうか？

正解は「本当」です。

江戸幕府は大行列が不自由なく安全に行き来できるようにと、苦慮していました。

《通信使一行の往来で、どのような気遣いをしたと思いますか？》

幾つかの事実を紹介していきましょう。

（1）幕府は常に大きな川に橋を架けさせませんでした。ある大名が幕府を倒そうなどと行動して大軍を派遣しても、橋がなければ大軍を移動することができません。ならば江戸は安泰です。

唯一、橋を用意させたのは、将軍が通過する時です。しかし川の上に架けて、通路とする現在見かけるような橋ではありません。「船橋」といって、何十艘の小型船を並べてつなぎ合わせた橋です。船橋は各地から調達して設置して、流されないように両岸から綱で固定するなど、とても手間が掛かる作業です。ですが、将軍が渡り終えれば直ぐに外してしまいました。この徳川将軍と同じ扱いをされたのが「朝鮮通信使」だったのです。通信使たちも船橋を渡っていたのです。富士川や天竜川は船橋でしたが、船橋をかけにくい川もあったようです。大井川では、「力自慢の男たちが肩を組んで川の水を食い止めて、通信使を安全に渡した」と、信じがたいような記録が残っています。

（2）江戸時代には伝馬制を皮切りに、街道が整備されていきました。でも難所と言われ、危険だったり難儀したりする場所がありました。

その一つが「峠」です。興津宿と由比宿の間に「薩埵峠」があります。海岸沿いの道は海の干満や波の影響を受けやすく、「親知らず子知らず」の民話が残されているように、子どもを連れた親でも我が子を振り返る余裕がないほどの難所でした。

《これほど難所の薩埵峠を、通信使行列のためにどのように改善したのでしょうか？》

通信使が難儀しないようにと新しい道を造ってしまったのです。現在、皆さんが興津から由比までハイキングされる峠の道は、通信使のために造られた「もてなしの道」と言えます。眺めのよい峠の絶景も歌川広重の浮世絵「東海道五十三次～由比」も、朝鮮通信使が日本を訪れたお陰であったのです。

（3）　街道添いに住む人々には、最高の客人をもてなす心構えだけでなく、入念な準備のため細部にわたった「お触れ」（通達）が出されました。一部を紹介しましょう。

> a　町中火の元は入念にすること
> b　通り道筋は入念に掃除しておくこと
> c　家主は、羽織・袴を着けてまかり出ること
> d　道の下草を採り、溝には蓋をして、道にはみ出す看板は外すこと

特に火事の多かった江戸時代。行列の最中に火事を起こしては恥であると幕府は神経を尖らせました。通信使の到着日や出発日には、風呂屋や立ち売りのおでん屋などに営業禁止令を出したほどだったのです。

儒学者の「雨森芳洲《あめのもりほうしゅう》」は、2度も通信使の接待役を務め、40年間も朝鮮外交に関わった人物です。芳洲は、朝鮮通信使との交流を通した外交の基本姿勢を「誠信《せいしん》の交わり」であると説いて実践しました。「誠」とは誠の心、「信」とは信じて交流することで、現代でもそのまま通用する箴言《しんげん》です。

照らす鏡
雨森芳洲
「誠信の交わり」

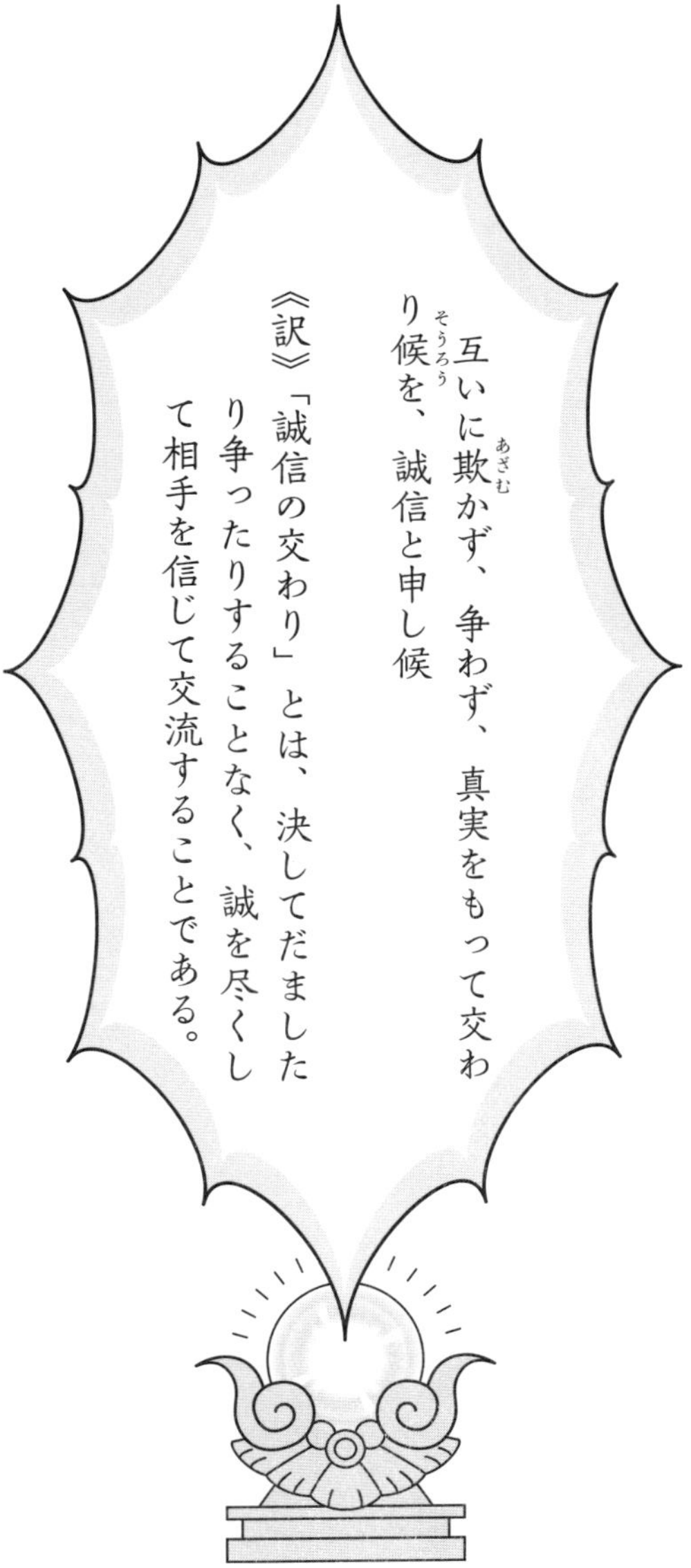

互いに欺《あざむ》かず、争わず、真実をもって交わり候《そうろう》を、誠信と申し候
《訳》「誠信の交わり」とは、決してだましたり争ったりすることなく、誠を尽くして相手を信じて交流することである。

第15話

朝鮮通信使たちは、想定外だった危ないお土産を持ち帰ることができた。

「本当」でしょうか？

「うそ」でしょうか？

正解は「本当」です。

隣国同士では認めることのない武器まで、持ち帰ることが許されたのです。

家康は、朝鮮通信使には「最高の優遇をせよ！」と命じました。

まずは、毎日欠かせない料理。早朝に宿舎を出発、次の宿場に着くまでに昼食、休憩をして宿泊と移動の繰り返しです。もてなす日本側は、朝食・昼食・夕食そして休憩の間食までも豪華で、栄養に配慮した献立を考えました。当時は身分（位）によって提供された料理に違いがありました。

一番位の高い三使には、日本の最高級料理の「七五三膳」です。驚くことに、目で愉しむだけの料理ですので食べません。次に出された「三汁十五菜」が食事用のご馳走。名前の通り、汁物3品と料理15品の豪華版だったのです。

各地の名産品や自慢の食材でもてなしました。当時の日本は四つ足の動物の肉は食べていなかったのですが、客人たちのために猪を捕獲するなどして特別に調達しました。家康の好物であった「興津鯛」も提供されたようです。

鯛の刺身を提供した記録もあります。いつ到着するか分からない通信使に対して、冷凍技術のなかったこの時代、生鯛の刺身を確実に提供できたことは不思議です。

《どのようにして生の刺身を確実に調達したのでしょうか？》

実は、三保の海に大きな「生けす」を造って鯛を飼育していたのです。これならいつでも刺身の提供ができます。準備段階からして、もてなす熱意と真心が伝わってくるようです。

現代でもそうですが、料理は国によって味付けが異なります。ですから、調理は日本の料理人だけでなく、通信使と同行している朝鮮の料理人たちとの共同作業になりました。

江戸時代というとすぐに参勤交代の「大名行列」が思い出されます。大名が自分の領地と江戸を1年おきに行き来した代表的な制度です。賑やかな東海道でしたので、ばったり大名行列と朝鮮通信使行列が出会うことがなかったのか心配になります。

《両者が出くわしてしまったとしたら、どのように融通したと思いますか？》

いくつかの選択肢が想定されます。「通信使が道を譲った」「大名が道を譲った」「相談して決めた」「くじで決めた」などが考えられますが、いずれでもありません。

実は、鉢合わせることなど絶対なかったのです。なぜなら、朝鮮通信使が通過する時期やコースが分かると、絶対に重ならないように参勤する大名に道を変えるか時期をずらすように指示してあったからです。あくまで朝鮮通信使が最優先だったのです。

家康自らも、興津清見潟での豪華船クルージングにおいて、遊び心で南蛮船まで登場させて、通信使を仰天させたエピソードがありました。

その翌日、逆に家康が仰天させられる頼み事をされてしまうのです。

《家康さえも驚かせた頼まれ事とは、一体何だったのでしょうか？》

「大阪の堺で、日本製の最新の火縄銃を大量に購入したいが、許可してもらえないだろうか？」との武器購入のお伺いだったのです。世界中を眺めても、紛争の絶えない隣国同士で武器を売ったり購入したりすることは常識で考えられません。なぜならその武器を我が方に向けて攻撃するのではないかと不安になって、心中穏やかでいられないからです。当然、徳川の家臣たちはざわめいたり眉をひそめたりして、反対を唱えたことでしょう。ところが大御所家康は、躊躇することなく快諾したのです。

《これを聞いた通信使たちはどのように感じたと思いますか？》

「日本のリーダーは、心底から平和を実現させたいのだ！」との確信から厚い信頼を寄せたことでしょう。リーダーの本気度が、安定した両国の平和交流へと発展していったのです。

照らす鏡
武器購入の要望に対する徳川家康からの返答

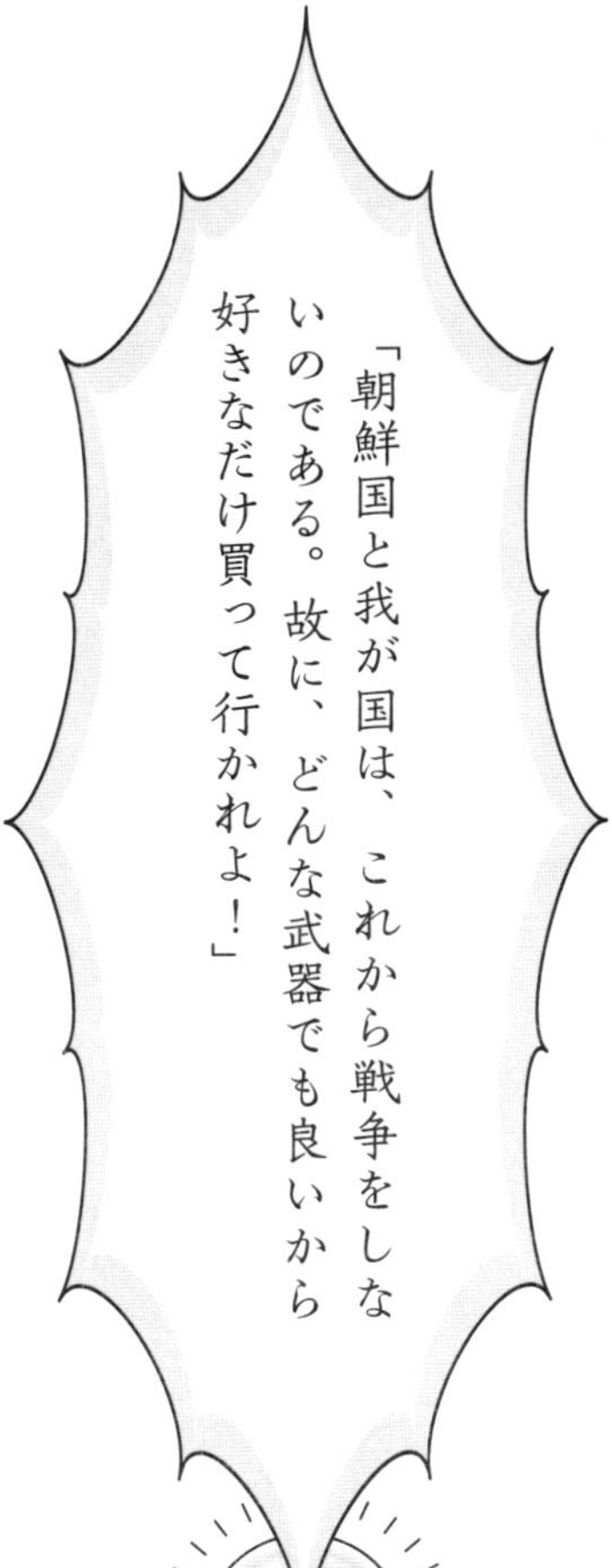
「朝鮮国と我が国は、これから戦争をしないのである。故に、どんな武器でも良いから好きなだけ買って行かれよ！」

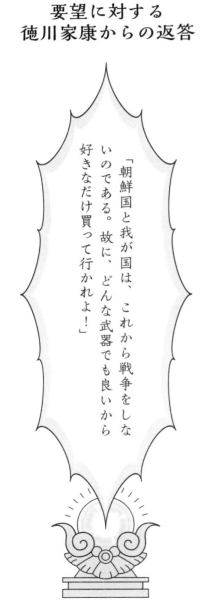

歴史こぼれ話

2 異国情緒あふれる「琉球王国」の行列が東海道を歩いていた⁉

青い海・白い砂浜、鮮やかな赤煉瓦《れんが》とシーサーが印象的で、独自の文化をもつ「沖縄」。世界文化遺産「琉球王国のグスク及び関連遺産群」や世界自然遺産「奄美大島・徳之島・沖縄島北部及び西表島」に登録された観光地でもある「沖縄」。

日本の沖縄県として編入されたのは、1879年（明治12年）「琉球処分」からです。以前は王様が君臨する「琉球王国」でした。アジアの架け橋となって、約400年間も中継貿易で繁栄してきた王国だったのです。

江戸時代からは薩摩藩の支配を受けて、「江戸上り」（江戸新将軍の即位を祝う「慶賀使《けいがし》」と琉球国王の即位を感謝する「謝恩使《しゃおんし》」）を計18回派遣しながら、独立国として歩んできました。使節団の責任者は「琉球王子」が担い、約100人の行列が琉球の衣装をまとって東海道を往来していたのです。

琉球王国は誕生の時から、地理的に近い中国王朝の影響を受けていました。貢ぎ物を続けることで「琉球国王」として中国王から認めてもらいながら、一方で江戸幕府には使節を欠かさずに送ることで、両大国とのバランスをとりながら国家運営を安定させることに苦心していたのです。江戸時代の庶民たちは異国情緒漂う「琉球使節」が来るのを楽しみにしていて、しばしば「琉球物ブーム」が巻き起こるほど人気を博しました。

正式な第1回目の琉球通信使が派遣される24年前の1610年（慶長15年）、琉球代表団が徳川将軍へ挨拶に向かう途上、駿河で大事件が起こってしまいます。総責任者の「具志頭王子《ぐしちゃん》」が慣れない風土のためか体調を崩して、大御所「徳川家康」が心配して見舞うほどに容態が悪化してしまったのです。王子の病状ははかばかしくなく、大御所に看取られながら駿府城で命を落とします。後ろ髪を引かれる思いで先を急いでいた通信使一行は、江戸に着く前に訃報を知らされます。亡骸は「興津清見寺」に丁重に葬られました。この後から、琉球通信使の目的の一つが清見寺にある王子墓への墓参となります。「具志頭王子の墓」は故郷の琉球を偲ぶかのように、今でも清見寺裏山で閑かにたたずんでいます。

琉球通信使が残した大きな扁額「永世孝享」が、清見寺本堂の正面に掲げられています。南国から訪れた使節の念《おも》いが、悠然とした太い文字から想像できます。

現在、那覇市では火災で焼失した「首里城」の再建を行っています。儀式や政務を執り行う「正殿」の左と右には、北殿と南殿がありました。中国風様式の「北殿」は中国の使者を、日本風様式の「南殿」は薩摩役人をもてなす場です。建築物からも両国とのバランス外交に苦慮する琉球国の状況を窺い知ることができます。

首里城正殿の梵鐘《ぼんしょう》の銘文には、「万国津梁《ばんこくしんりょう》（世界中の橋）」の文字が刻まれています。沖縄は地政学的に軍事戦略上の「太平洋の要石《かなめいし》」といわれますが、梵鐘に刻まれている「世界平和の架け橋」こそ理想の姿であるのだ、と歴史が語りかけてくれます。

第四章

国際協調こそ日本の進む道

元老の西園寺公望と興津坐漁荘

明治時代〜昭和時代

登場人物

西園寺公望

井上馨

松方正義

田中光顕

西園寺公経

第16話

清水区の興津、横砂、蒲原には、明治維新で大活躍した人たちが多く住んでいた。

「本当」でしょうか？

「うそ」でしょうか？

正解は「本当」です。

明治から大正期に次々と別邸が建てられていたからです。

《どうして興津や横砂や蒲原の地が、明治の要人たちに選ばれたのでしょうか？》

主に三つの理由が考えられます。

第一に、冬でも暖かい（避暑地ではなく避寒の地）

第二に、風光明媚（眺めがとても良い）

第三に、首都東京に汽車一本で行ける便利さ

長期間か短期間の違いはありますが、関わりの深い5人の政治家を紹介しましょう。

1人目は、初代内閣総理大臣であり、最初の元老《げんろう》でもあった…「伊藤博文」（長州出身）

伊藤は興津の旅館「水口屋《みなぐちや》」が気に入り、頻繁に宿泊していました。娘婿の「伊藤博邦《ひろくに》」が興津の別荘「独楽荘《どくらくそう》」に住んでいましたから、何度か泊まりに来たでしょう。独楽荘の石倉が、富士市の広見公園の敷地に移築されています。建物は清水区興津中町にある「果樹研究所カンキツ研究興津拠点」の辺りにありましたが、今は残っていません。

2人目は、大蔵大臣や外務大臣を歴任した後、元老となった…「井上馨《かおる》」（長州出身）

井上の別荘「長者荘」は、5万坪もの宏大な敷地を有していました。敷地の前に東海道線が通っていたため、

自分や来客が乗り降りする時には特別に列車を停車させていたようです。現在の清水区横砂東町の「静岡市埋蔵文化財センター」の敷地内に長者荘の石碑が残っています。

3人目は、内閣総理大臣や大蔵大臣を歴任後、元老となった…「松方正義《まさよし》」（薩摩出身）

松方は同じ鹿児島の実業人である川崎正蔵《しょうぞう》の別荘「川崎邸」に住んでいました。「マックスバリュ清水興津店」の場所にあったのです。

4人目は、宮内大臣や警視総監などを歴任した…「田中光顕《みつあき》」（土佐出身）

田中は晩年に、富士市富士川に「古渓荘《こけいそう》」、その後に清水区蒲原町に「青山荘《せいざんそう》」を建てました。両方とも何と現存しているのですが、残念ながら一般公開はされていません。

そして5人目が、2度の内閣総理大臣やパリ講和会議の首席全権などを歴任した後、元老となった…「西園寺公望《きんもち》」（公卿出身）

パリ講和会議とは、第1次世界大戦後の講話の条件や国際体制の在り方を討議した会議。西園寺は日本代表として首席全権を頼まれて、世界リーダー五大国（アメリカ・イギリス・フランス・イタリア、日本）として国際連盟の発足などの主要問題を討議しました。帰国後はすぐに「坐漁荘《ざぎょそう》」に移り住んだのです。清水区興津清見寺町にある坐漁荘は忠実に複製された建物で、本物は愛知県犬山市の「明治村」にあります。

5人のうち4人の紹介に「元老」とありましたが、現代では聞くことのない名称です。

《戦後政治に存在しない元老とは、いったいどんな役割を担った人だったのでしょうか？》

外国に負けない近代的で民主的な国家を大急ぎで進める明治新政府は、江戸時代とは全く異なる仕組みや考え方へ大変革しようと舵を切ります。とはいえ短期間に日本国の隅々にまで、さらに国民の慣習までをガラッと変えられるものではありません。理想社会が実現するまでのつなぎ役として、「元老」という非公式で表に出ない組織がしばらくは必要だと考えたのです。国民が外交・内政に成熟して政党や議会政治が発達してくれば、元老政治は必要なくなるだろうとの理想をもって始めました。ですから「元老」を託される者は、政治経験が豊富で信頼できる人物。天皇から直接指名される栄職でもあったのです。

照らす鏡
元老と興津との関わり

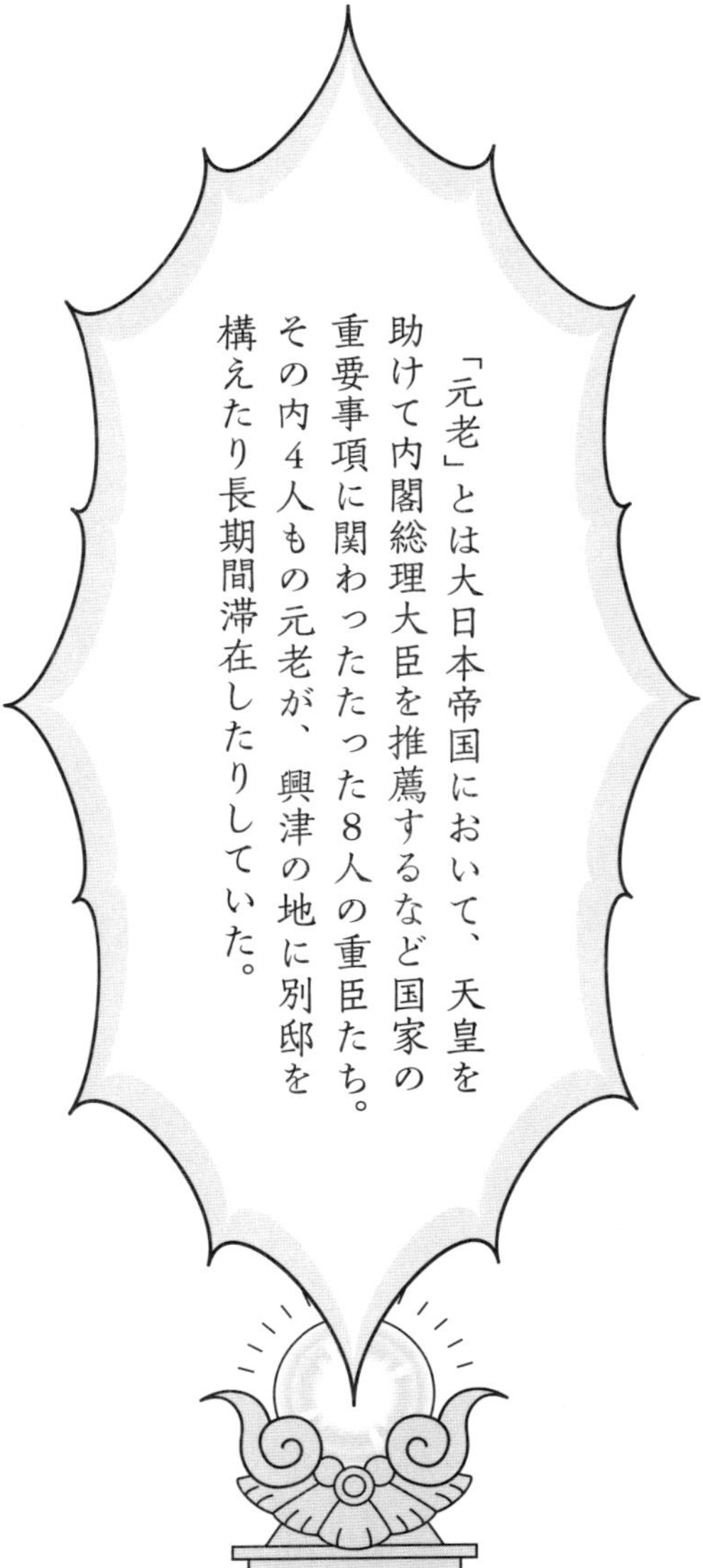
「元老」とは大日本帝国において、天皇を助けて内閣総理大臣を推薦するなど国家の重要事項に関わったたった8人の重臣たち。その内4人もの元老が、興津の地に別邸を構えたり長期間滞在したりしていた。

第17話

最後の元老となった西園寺公望は、21年間も興津の坐漁荘に住んでいた。

「本当」でしょうか？

「うそ」でしょうか？

正解は「本当」です。

晩年の21年間を過ごし、興津坐漁荘で大往生したのです。

西園寺は2度、内閣総理大臣を任されました。やり終えてホッと一息ついていると、世界を相手にする大役が回ってきます。世界中を巻き込んだ「第1次世界大戦」終了後の諸課題をフランスのパリで討議したい、との知らせが日本政府に届くのです。世界の首脳たちと臆せずに議論できる日本代表を送り込まねばなりません。当時は旅客機でなく船の移動で、往復に時間がかかります。本来は内閣総理大臣の重大任務ですが、半年以上も国を空けてパリに留まることなどできるはずがありません。首席全権を担える適任者は、70歳の西園寺公望しかいなかったのです。高齢を理由に何度か断りましたが引き受けます。せっかくの檜舞台なのですから、今後の日本を担っていくであろう近衛文麿や吉田茂などの若手も連れていきました。10カ月後。世界からも五大国に推されるなど、代表の責任を果たした西園寺がパリから帰国。直ぐさま、完成したばかりの興津の坐漁荘に1919年(大正8年)12月に転居します。

《彼はこの地で、どのように過ごしたかったのでしょうか?》

「坐漁荘」の命名にヒントが隠されています。「坐漁」とは、中国の周の王様が座って釣りをしていた人物を軍師として迎えた、との故事です。できれば政治の世界を引退して、のんびりと清見潟を眺めながらゆったり過ごしたい、との願いが伝わります。

敷地は300坪で建坪約100坪。当時の政府要人の建物としては、とてもコンパクトで狭いです。隣村にあった井上馨の別邸「長者荘」と比較すると分かりやすいでしょう。長者荘は5万坪で、坐漁荘の150倍以上広いからです。

当時の要人は洋風建築を好む傾向にありました。ところが坐漁荘は「京風の数寄屋造り」。質素な純日本風の建物なのです。他の京都や御殿場などにあった別荘も同じ様式ですので、西園寺の美学は一貫して揺らいでいません。

内装は、自然の素材を巧みに取り入れた「この世に一つだけの作品」の仕上がりです。長さが10mもある一本丸太を使用したり、へぎ板を編み込んであったり、大好きな竹をあらゆる所に使用したりして、味わい深いデザインに仕立ててあります。反面、政治の中枢を担う要人なので警戒は怠りません。常日頃から表門と海岸側は数人の警察官が警護していました。

国道側から眺めてみましょう。すると、建物内部の様子が全く分からないように屋根や窓を配置していることに気がつきます。一方、海側（南側）はというと、透明なガラスで大きく開放し、庭には視線を遮る生け垣さえも設けず、清見潟の景色を丸ごと愉しめるように配慮してあります。

建物は住む人を映し出すものです。建物の様子から西園寺の人柄を推測してみましょう。

1. 見えるところは素っ気ないのに、内側は上品で落ち着いた空間にこだわり抜いた！

〔人柄〕派手さや豪華さを嫌い、日本人としての趣を大切にしていた。

2. 国道側は玄関も横向きで、内部の様子を窺い知ることのできないほどに閉じられているのに、南側はガラスをふんだんに使用してとても開放的だった！

〔人柄〕世間の喧騒《けんそう》に振り回されずに、建物の中でゆったりと自然と共に過ごしたい。

3．客人はもとより、家族であっても宿泊できる部屋を用意していない

〔人柄〕別邸は基本的にプライベートな空間である。

訪れた家族や関係者はどこに泊まったのか？　近くにある旅館「水口屋《みなぐちや》」（現在は水口屋ギャラリー）や「東海ホテル」（現在は鈴与研修センター）を勧めたようです。

西園寺は本宅の他に、京都や大磯、御殿場に別邸があり、季節ごとに移転していましたが、80代からはずっと坐漁荘で過ごすことになります。亡くなったのは1940年（昭和15年）11月24日、坐漁荘1階の居間でした。

照らす鏡
西園寺公望の言葉

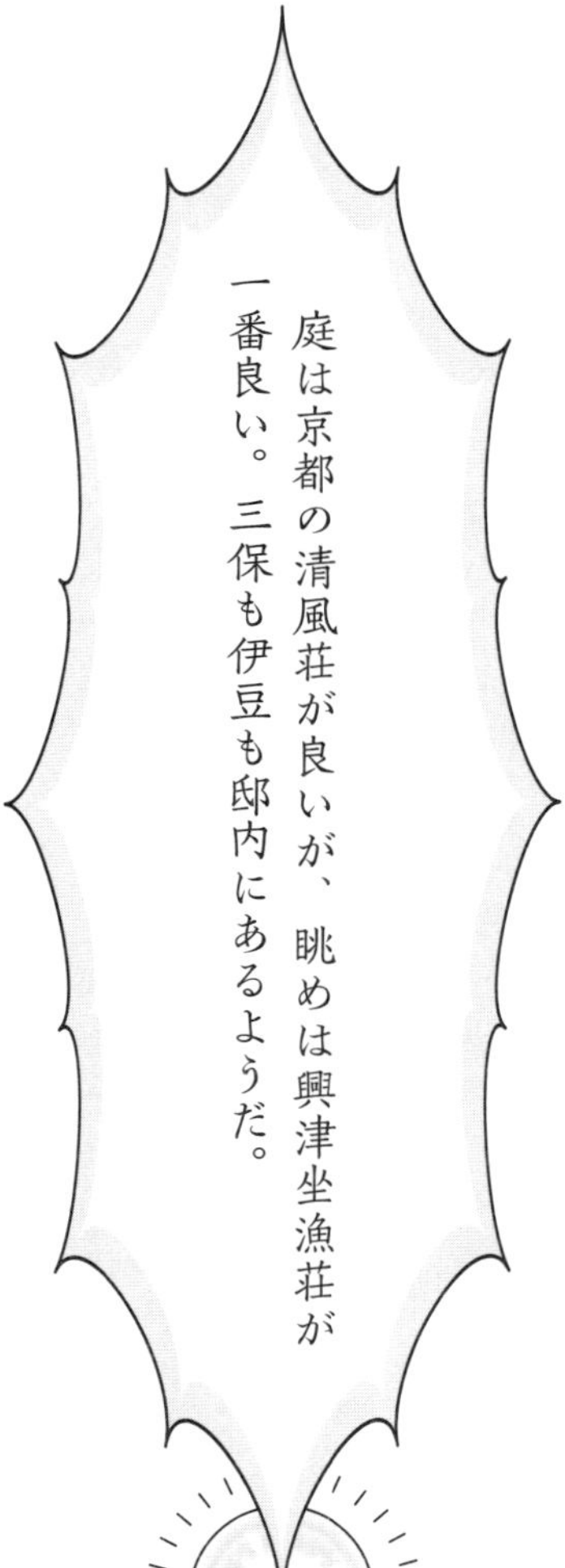
庭は京都の清風荘が良いが、眺めは興津坐漁荘が一番良い。三保も伊豆も邸内にあるようだ。

第18話

政治家やマスコミが
西園寺の判断や解決策を聞くため、
盛んに「興津詣《おきつもうで》」をしていた。

「本当」でしょうか？

「うそ」でしょうか？

正解は「本当」です。

国の最高政策の決定や後継首相の選任に影響力をもつ唯一の元老が清水区興津に住んでいるのですから、意見交換や情報収集のため頻繁に訪れる必要がありました。

現在の「日本国憲法」は国民主権。私たち国民が、選挙で都道府県や市の長や議員を選び、選ばれた議員から内閣総理大臣が選ばれています。

明治時代に制定された「大日本帝国憲法」でも、限られた人たちに選挙権がありましたが、内閣は天皇の命令によって決められていました。命令と書かれていますが、天皇が形式的に任命するので、実際に決定していた人物が別にいたことになります。その人物が「元老」です。内閣総理大臣などを務めて政治経験が豊富で信頼できる人物から選ばれました。憲法に書かれていないので非公式に選ばれました。

元老に任命されたのは8人。（桂太郎を入れない説が有力です）

○伊藤博文《いとうひろぶみ》、山縣有朋《やまがたありとも》、井上馨《かおる》の3人は長州（山口県）の出身
○黒田清隆《きよたか》、松方正義《まつかたまさよし》、西郷従道《つぐみち》、大山巌《いわお》の4人は薩摩（鹿児島県）出身
○西園寺公望《さいおんじきんもち》1人だけ公卿《くぎょう》の出身

西園寺以外は全員が長州と薩摩の出身です。明治の新政府の牽引役《けんいんやく》の実態が見えてくるようです。

西園寺公望が元老になった時には、山縣有朋、井上馨、松方正義、大山巌がいて、合議で内閣総理大臣を

決めていました。議会の最大与党の党首を優先させたり、与野党の政権交代を仕掛けたり、軍部の人間を任命しないようにしたりと、民主的な政治の実現を目指していました。

時が経つにつれ元老が1人減り2人減りして、1924年（大正13年）に松方正義が亡くなると西園寺がたった一人、最後の元老になってしまいます。

《元老は大変な重責ですから、西園寺だけでなく増やせば良いとは思いませんか？》

ところが二つの理由で、あえて補充しなかったようです。

1．元老制は「健全な政党政治へ」移行するまでの非公式なつなぎの役目であると考えているから、ずっと続けていくものではない。

2．西園寺のお眼鏡に適うような、高度な政治判断ができる人物がいなくなっていた。見込んでいた人物が突然軍部に暗殺されたり、急病で亡くなったりしてふさわしい人材が見当たらなかった。

こうなると西園寺一人で最終決定しなければなりません。1924～1936年（昭和11年）の期間は、西園寺が首相を選んでいたようです。

日本の政治の進路を決める内閣総理大臣の決定は総合的な判断が求められます。現在の政治状況や問題点、今後を担う人物の考え方や実績、そして人柄などを考慮して、天皇に決定を伝えるのです。政権交代の必要がある時には、興津から東京へ長い杖を突いて駆けつけました。

節目の時に限らず、常日頃から西園寺の意向や考え方を知るため、多くの政治家やマスコミなどが興津を訪れました。これを「興津詣《おきつもうで》」と世の人々は呼びました。興津に詣でても、門前で追い返されて会えずに諦めて帰る人がほとんどでした。面会できたのは、面識のあるごく限られた人物だったのです。

興津で特ダネをスクープしようとマスコミは必死になります。空中のドローンがなかった時代、清見潟に船を浮かべて、望遠カメラで撮影してまで、密談をスクープしようとする新聞社もあったようです。

戦後アメリカでベストセラーになり、その後日本語に訳されて評判になった本があります。『ニッポン歴史の宿』（オリバー・スタットラー著　人物往来社）です。静岡新聞社からカラー写真が入って復刻されました。タイトルにある歴史の宿とは興津にある「水口屋《みなぐちや》」です。現在は無料で見学できます。

照らす鏡
西園寺公望と坐漁荘
筆者の見解

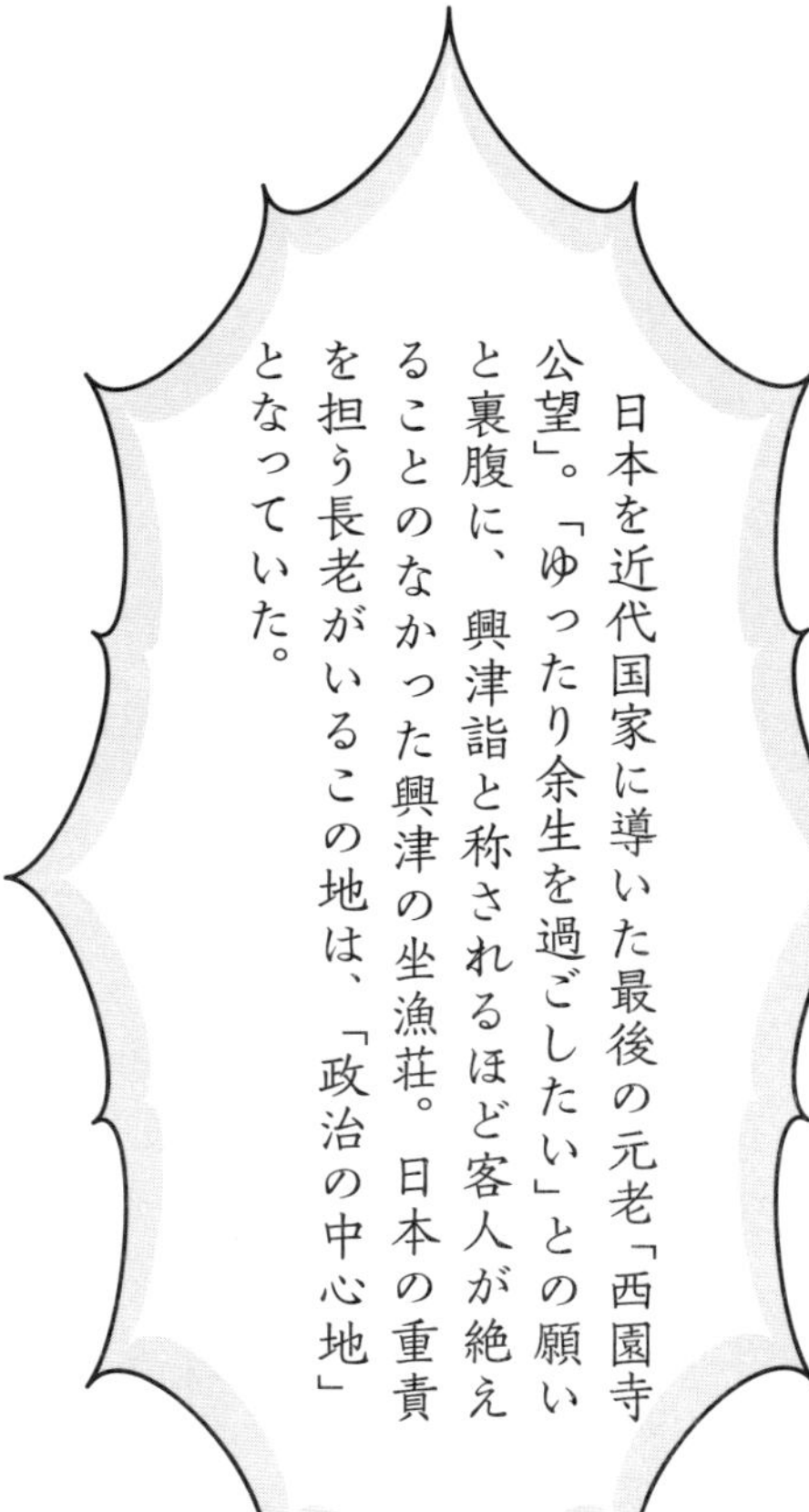
日本を近代国家に導いた最後の元老「西園寺公望」。「ゆったり余生を過ごしたい」との願いと裏腹に、興津詣と称されるほど客人が絶えることのなかった興津の坐漁荘。日本の重責を担う長老がいるこの地は、「政治の中心地」となっていた。

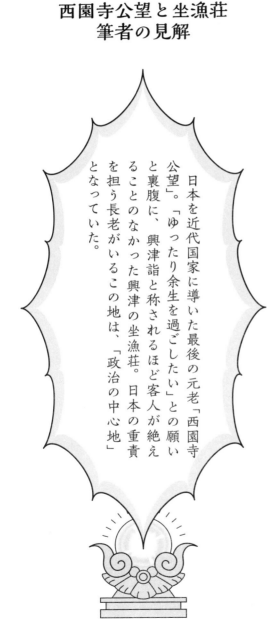

第19話

西園寺公望は、平和を求め続けたので軍部から何度も命をねらわれた。

「本当」でしょうか？

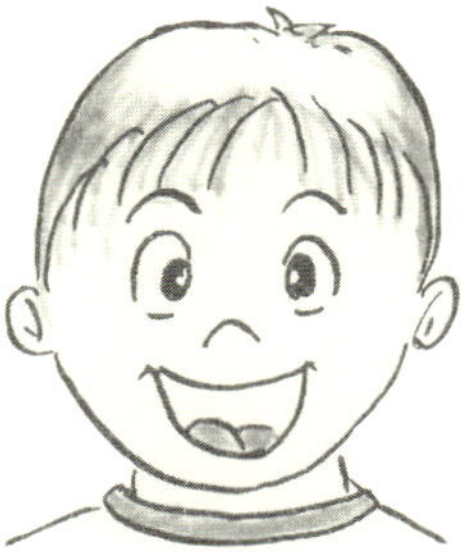

「うそ」でしょうか？

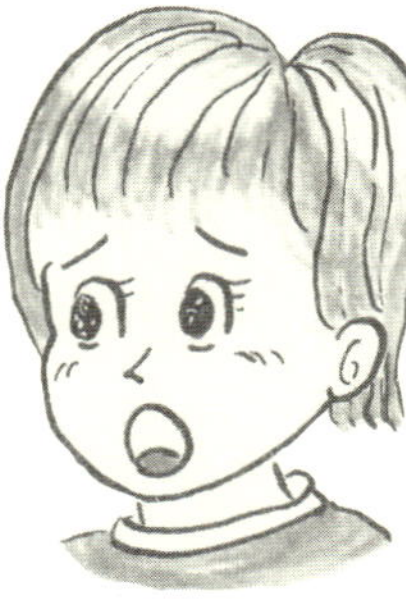

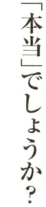

正解は「本当」です。

自国の拡大路線を優先する軍部にとって、国際協調による日本の地位向上を目指す西園寺は目の上のたんこぶでした。

公家の家に生まれた西園寺公望はその才覚もあって、1870年（明治3年）明治新政府から「フランス留学」を許されます。ソルボンヌ大学に入学して、たっぷりヨーロッパの文明や生活習慣を身に付け、10年後に帰国します。その後、伊藤博文の憲法調査団に入り、またヨーロッパへ渡って世界の政治の仕組み、民主主義、人権の考え方などを学んできます。明治時代の政治家で、随一の海外経験者です。

これほどの豊富な国際感覚、原書まで読み込む深い教養、皇室とも親しく付き合える公卿としての育ちから、当時の一般的な政治家と異なる信念や信条をもちます。

《西園寺公望は、どのような政治信条をもつようになったのでしょうか？》

彼の理想はイギリス風の議会制度でした。二大政党が交互に政権交代を行って、天皇という君主の元で元老などが口出ししない、成熟した政党政治であったのです。国際社会を見聞してきた西園寺の信念は「日本はイギリスやアメリカなど当時の世界を牽引《けんいん》する国々と協調して、決して戦争を起こさずに、国際政治の中で重責を果たす国を目指すべき」でした。2度の内閣総理大臣時代には、陸軍の主張する軍事費の拡大へブレーキをかける政策を打ち出し、パリ講和会議で世界初の「国際連盟」の創設に尽力して、軍部が強く求めていたドイツ領南洋諸島の割譲を強引に実現させませんでした。国際社会と協調して領土の拡大に慎重な西園寺の存在は、軍部にとっては目障りな存在でした。

昭和になると言論でなく、暴力で物事を荒っぽく解決しようとする風潮が高まってきます。1932年（昭和7年）、連続テロ事件が起こりました。「血盟団」とよばれる暗殺集団が、政府や財界の要人の命を狙ったのです。井上準之助《じゅんのすけ》（政治家）や団琢磨《だんたくま》（実業家）が暗殺されました。西園寺公望も狙われて実行犯が興津まで来ましたが、未遂に終わりました。1936年（昭和11年）、陸軍のクーデターである「二・二六事件」が起こります。「国家改造」までもくろんだ大規模なクーデターで、内閣総理大臣をはじめ多くの要人が命を落としています。この時も西園寺暗殺計画が計画されていました。120人ほどの武装兵で興津坐漁荘を襲撃する準備までされていたのです。危機を察知した静岡県警からの求めで、西園寺は静岡県知事庁舎に避難させられます。幸いにも、襲撃計画は直前になって中止されました。東京から離れた興津の地に住んでいたことが、中止の一つの理由だったようです。

数々の危機をかいくぐりながら、西園寺は興津の坐漁荘で天寿を全うすることになります。命を狙われる緊張感の絶えない生活や老齢による足腰の衰えのために、大好きだった散歩が減ってきましたが、なじみの店や清見寺、執事の農園に立ち寄る散歩の途中で、興津の人々と20年ほど交流が続いていたのです。興津の町民は大人も子どもも、「まちの殿様」と親しみと尊敬を込めて呼んでいました。

1940年（昭和15年）11月。坐漁荘で亡くなった西園寺の葬列が興津駅に向かう時は、多くの人々が街道を埋め尽くし、最後の別れをしました。坐漁荘の2階に掲げられた遺影に向かって、海岸から子どもを背負った母親やお年寄りまで手を合わせる写真も残されています。西園寺は派手なことや大げさな事を好まなかったので、「大げさな国葬などはしないように」と遺言しました。しかし日本国の最後の元老なのですから政府は迷うことなく国葬と決定して、大規模な葬儀が日比谷公園で執り行われたのです。

国際協調・平和を願った西園寺の言葉を紹介しましょう。現代を生きる私たちにも突き刺さります。

照らす鏡
西園寺公望の言葉

日本の国際連盟脱退を知り、ため息をつきながら呟いた。

「我が国も極東に閉じこもる態度をとらず、英米と共に世界の問題を処理していたら、押しも押されぬ世界の三大国として確固たる国際的な地位を占めただろうに、惜しいことをした。」

第20話

公卿であった西園寺公望の先祖は、小倉百人一首に選ばれた歌人であった。

「本当」でしょうか？

「うそ」でしょうか？

正解は「本当」です。

百人一首には本名（西園寺）ではなく、官職で掲載されているのです。

西園寺公望が生まれた「徳大寺家」、そして養子先の「西園寺家」は共に貴族の中でも位の高い「公卿」、その中でも上位の清華家《せいがけ》の家柄でした。

先祖を辿りますと、645年（大化元年）に「大化の改新」を成し遂げた中臣鎌足《なかとみのかまたり》、後の藤原鎌足まで行き着きます。

鎌倉時代初期、「藤原」一族のうちの一人が、京都の北山に「西園寺」という寺風の別荘を建てました。その人物が「西園寺」を名乗り始めます。この「西園寺公経《きんつね》」が、西園寺家の実質の祖と言われています。公経は「太政大臣《だじょうだいじん》」、朝廷の最高官として大活躍しました。

《ところで、皆さんになじみの深い「小倉百人一首」。その中の「入道前《さきの》太政大臣」の一首をご存じですか？》

「花さそふ　嵐の庭の　雪ならで　降りゆくものは　我が身なりけり」

桜の花を誘って散らしていくほどの春の嵐が吹く庭を見て、自然の移ろいと我が身の老いを重ねた憂いのある秀歌です。

《なぜ本名ではなく、官職名が百人一首に掲載されているのでしょうか？》

「入道前《さきの》太政大臣」とは、「今は僧侶だけど前の太政大臣だった人」の意味です。なぜ本名を載せなかったのか。「みなさんに本名を教えなくても、『前の太政大臣』だけで分かってくれますね。あの有名な方ですよ」との理由からでした。肩書きだけで皆が納得してしまうほどの大人物。それが西園寺家の祖である「西園寺公経《きんつね》」だったのです。現在「二刀流」といえば誰もが迷うことなく大谷翔平選手を想い描くのと全く同じです。

小倉百人一首は、選者「藤原定家」が、飛鳥時代、奈良時代、平安時代、そして鎌倉時代のおよそ600年間の優れた歌の中から、厳選した百首を選んで小倉山の別荘で色紙に書いてふすまに貼ったのが始まりとも言われます。選ばれた人物は多くの優れた歌人でも、飛び抜けた名人だったことが分かります。「西園寺公経」は天皇や上皇の命により編纂《へんさん》された「新勅撰《ちょくせん》和歌集」に、何と30首も載せられるほどの腕前でした。西園寺家は弦楽器の琵琶の宗家でもあり、琵琶の実力でも天下に認められるほどでした。

話は戻って西園寺公望ですが、彼は公卿として代々伝わってきた慣習に、反発や嫌悪をもっていたようで、琵琶や平安時代の王朝文学には興味をもちませんでした。

何より大好きなのが読書。「本の虫」を自認するほど読書好きで、専門家が翻訳して易しく書き直した大衆本ではなく、全文漢字の本（漢籍）やフランス語原書を読み込むほど専門的だったのです。

どれほど文学好きであったのかを物語るエピソードがあります。公望は内閣総理大臣を2度経験した時に、当時一流の文化人たちに呼びかけて、「雨声会《うせいかい》」と名付けた文学サロンを7回催しています。参加したのは、森鴎外、島崎藤村、幸田露伴、田山花袋《かたい》たちの有名文化人、十数名です。きっと侃々諤々《かんかんがくがく》と文学談義を愉しんだことでしょう。

西園寺家の源流、そのルーツから辿ってきますと、和歌や琵琶や文学と分野は異なりますが、物事の本質を極めようとする姿勢や資質が脈々と受け継がれているように感じます。

この事実を教えてもらったのが、日本テレビの特番「はじめまして！一番遠い親戚さん」（２０２３年8月15日放送）でした。百人一首の西園寺公経さんからつながる西園寺家は、いくつかの分家が地方に根付いて領地を治めていました。そのうちの一つで、伊予に分家した末裔《まつえい》を辿ると、何と歌舞伎界で大活躍中の「尾上松也」さんに辿り着いたという訳です。

系譜を辿って人のつながりを眺めるといった歴史の探り方も、意外と興味深いものですね。

照らす鏡
入道前太政大臣
西園寺公経

「花さそふ　嵐の庭の　雪ならで
降りゆくもの　我が身なりけり」

《訳》春の嵐が吹くこの庭は、桜の花びらがまるで雪のように舞っている。だが、古くなっていくのは桜の花ではなく、年老いた私自身なんだなあ。

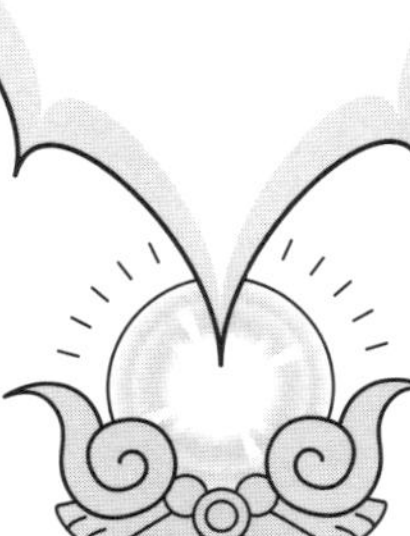

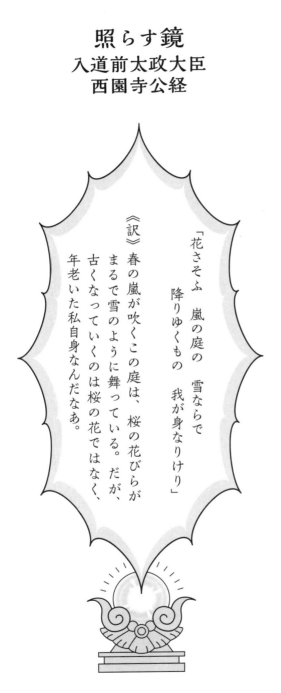

今川義元 木像（臨済寺）

太原雪斎 木像（臨済寺）

松雲大師と徳川家康（AYU ドリーム ポスター）

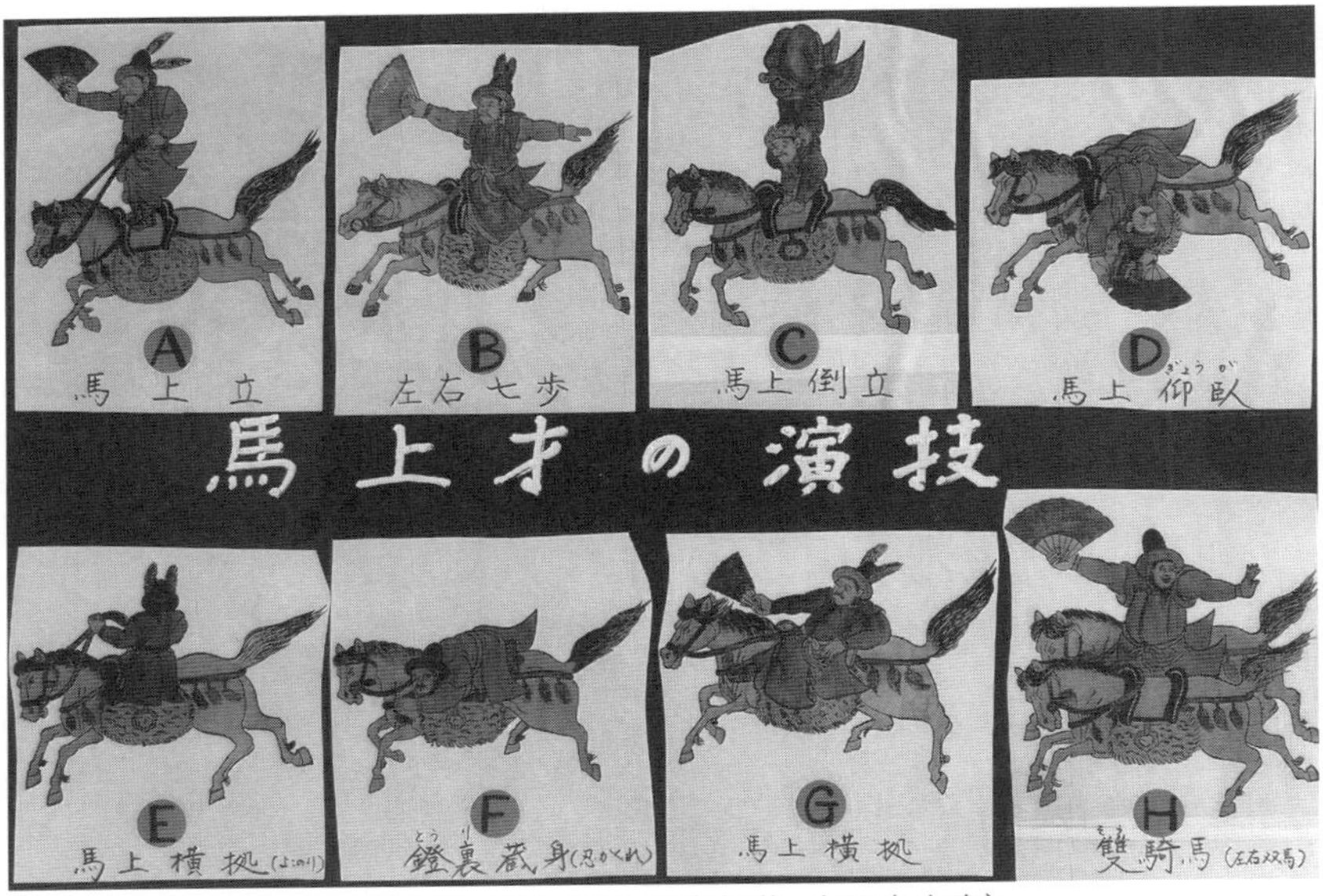

馬上才図（静岡県立図書館蔵　中西家文書）

朝鮮通信使行列（韓紙人形での再現）

西園寺公望　興津駅にて
汽車を待つ（山田写真館）

第五章

日本史上初めて国土が蹂躙《じゅうりん》された

アジア・太平洋戦争の驚愕《きょうがく》する実相

昭和時代

登場人物

山本五十六

昭和天皇

鈴木貫太郎

マッカーサー元帥

第21話

日本は降伏する判断がなかなかできなかったが、ある人の発言でようやく決まった。

「本当」でしょうか？

「うそ」でしょうか？

正解は「本当」です。

戦争は一度始めてしまうと、止めるという勇気ある判断ができにくいもののようです。

１９３１年（昭和6年）の「満州事変」から日本は戦争への道を突き進みます。「国際連盟脱退」「日中戦争開始」「国家総動員法成立」「日独伊三国軍事同盟締結」と戦争の足音が近づき、最後の元老であった西園寺公望が１９４０年（昭和15年）11月に亡くなります。そして翌年、平和を願い続けた西園寺の一周忌が過ぎるのを待っていたかのように、12月8日に太平洋戦争が始まります。

世界で最初の大戦（第1次世界大戦）から、戦争とは国家同士が戦う「国家総力戦」に変わりました。兵隊だけの争いから、老人や赤ん坊までもが国力に含まれる、国民全体で争うものへ変質してしまったのです。その国のもつ総合的な力（戦うための軍事力だけでなく、それを支える産業力、材料となる地下資源の埋蔵量、人口など）で勝敗が決まってしまうのだと政府もわかっていたのです。太平洋戦争当初のアメリカの国力は日本の約10倍。戦争の必需品であらゆる動力の燃料であった原油に至っては、６００倍もの差がありました。

アメリカ留学の経験がある「山本五十六《いそろく》」はアメリカの巨大な国力を熟知していましたので、「アメリカと戦争してはいけない。戦争をしても勝てるはずがない」と唱えていましたが、軍部では少数派でした。皮肉なことに、その山本五十六が太平洋戦争を指揮する連合艦隊司令長官に指名されてしまうのです。勝てるはずのない戦争に向かって行く決死の覚悟と、苦渋の本心が伝わる山本五十六の言葉です。

「是非やれと言われれば、はじめの半年や1年の間はずいぶん暴れてご覧に入れる。しかしながら、２年

3年となれば全く確信が持てぬ」

短期決戦で圧倒的に勝利して早期に講和し、戦争を終わらせようと山本なりのシナリオをもって真珠湾の奇襲攻撃を仕掛けたのです。ところが、真珠湾の大勝利に日本中が沸き立ってしまい、「早く講和しなければ…」との冷静な判断は、残念ながら軍部をはじめ世間やマスコミからも全く相手にされません。目先の勝利に熱狂するあまり、勝利が永続するかのように妄想してしまったのです。

真珠湾攻撃から半年後、国力差が明々白々に現れてくるのです。ミッドウェー海戦から勝利に見放され、敗戦へひた走ることになります。戦地では「玉砕」が頻発します。玉砕とは玉が美しく砕け散る意味ですが、実は軍団が1人残らず全滅するとの恐ろしい実態を意味していました。日本全土への大空襲、沖縄へのアメリカ軍上陸、中立条約を破ったソ連の参戦、広島や長崎への人類史上初の原爆投下と続き、敗戦が濃厚になってきました。戦争第一で我慢を続けてきた国民の生活は苦しく、疲弊しきってきているのです。

ようやく政府の中にも「ポツダム宣言を受けて戦争を終わらせよう」との意見が出てきました。もう無条件降伏を受け入れるしか道はありません。

8月6日の広島への原爆投下の後、昭和天皇が「これほどの兵器が使われるようになっては、これ以上戦争を続けることは不可能である。速やかに戦争終結の努力をせよ」と鈴木貫太郎首相に伝えます。

9日、最高戦争指導会議を午前10時30分から始めます。鈴木首相が「戦争を終結させなければならない」と軍部を前にしていきなり明言します。ポツダム宣言受諾派と、条件を付けないと受諾できない派に分かれて激論しましたが結論が出ません。会議中に長崎への原爆投下が知らされても膠着《こうちゃく》したままだったのです。

狭い地下の防空壕に場所を移して午後11時50分から御前会議としましたが、結論がでません。そこで鈴木首相は一か八かの大胆な行動に打って出たのです。

《大胆な行動とは、どのような一策だったと思いますか？》

御前会議では天皇のご意見を直接聞かない、との暗黙の約束があったのですが、鈴木首相は禁を破って「陛下のご意見をお聞かせ願えますか」と唐突に意見を求めたのです。周囲は面食らって言葉が出ません。鈴木貫太郎はかつて侍従長として天皇に仕えたことがあり、天皇が父親のように慕っていた人物でした。天皇も〝以心伝心〟で「それならば私の意見を述べよう」と返答したのです。

照らす鏡
御前会議で 昭和天皇が語った御言葉

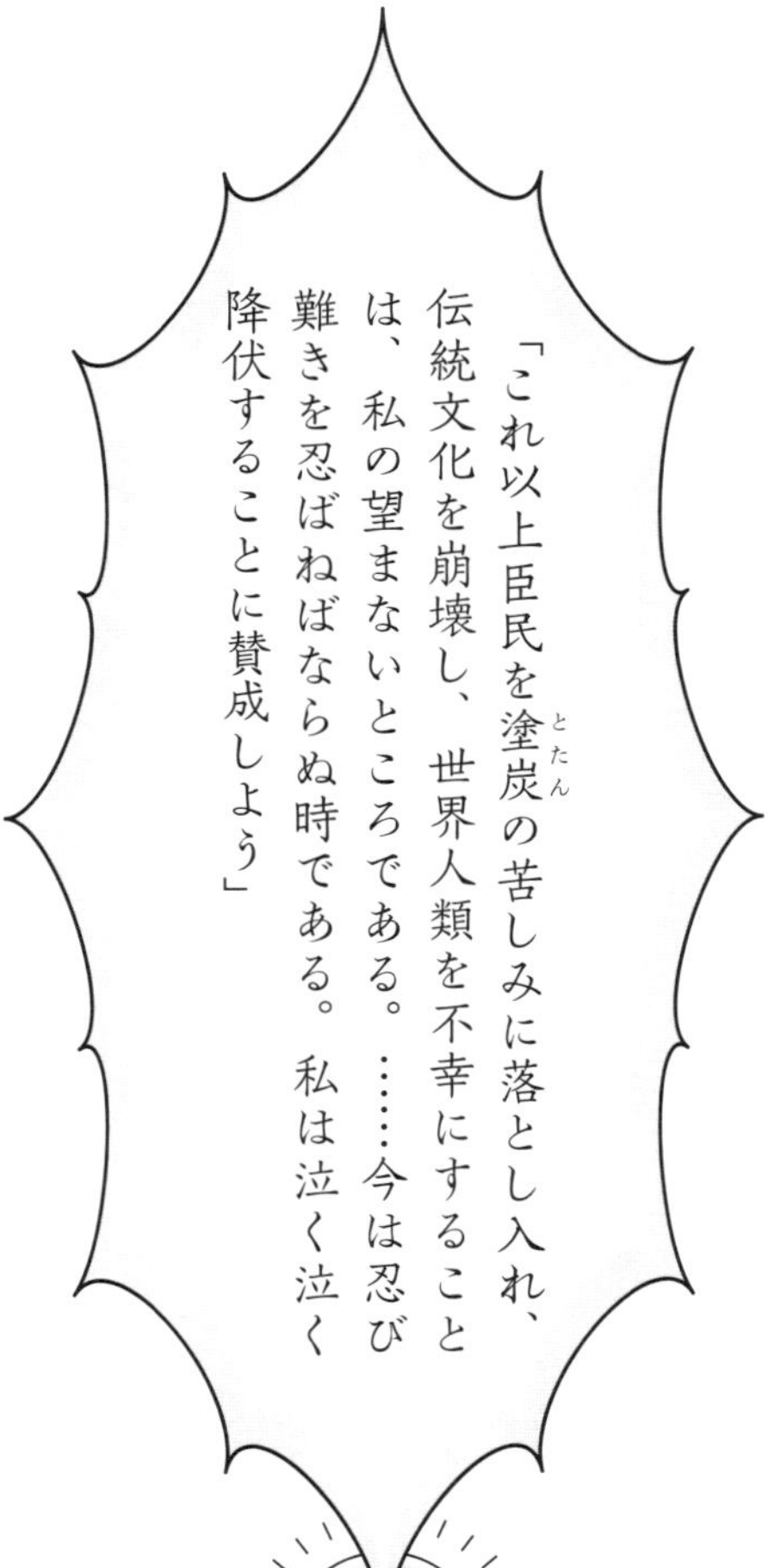
「これ以上臣民を塗炭《とたん》の苦しみに落とし入れ、
伝統文化を崩壊し、世界人類を不幸にすること
は、私の望まないところである。……今は忍び
難きを忍ばねばならぬ時である。私は泣く泣く
降伏することに賛成しよう」

第22話

アメリカ軍は日本の本土に上陸する作戦まで具体的に決めてあった。

「本当」でしょうか？

「うそ」でしょうか？

正解は「本当」です。

アメリカを主とする連合軍は、日本本土に上陸する作戦を8月15日に決定するつもりでした。

1945年（昭和20年）7月。連合国は日本に無条件降伏を勧告します。この「ポツダム宣言」に対して、政府は「黙殺する」と返事します。「無視して様子をみよう」との先延ばし作戦でした。意思表示しないのですから「ノーコメント（No coment）」などと分かりやすく返答すればよかったのに、「黙殺」と微妙な言葉遣いをしたので、外国の新聞社は「拒絶された（reject）」と不正確に報道してしまいます。断られたと判断した連合軍は怒り、日本への攻撃が苛烈を極めて原爆投下まで至る結果となってしまいました。

どうも日本人は危機（大ピンチ）の場面において、結論を先延ばしにしたり、データに基づいて理性的に考えたりすることなく、抽象的な思い込みでやり過ごす傾向があるようです。「困ることは起きないだろう。いや起きるはずがない」と、事実に基づかない希望的観測や精神論（気合いで乗り切れ！）に陥る傾向があるので、現代を生きる私たちは戒めていきたいものです。

《もしも終戦の決定を先延ばしにしていたら、日本はどんな事態になっていたのでしょうか？》

アメリカ軍を中心とした連合軍は、理性的に着々と作戦行動を進めていました。沖縄上陸作戦の次は、日本本土の地上戦しかないと、日本が終戦を決める1年以上も前から上陸計画を練り上げていました。

作戦名は「ダウンフォール作戦（Operation Downfall）」です。英語のDownfallは「破滅」を意味します。ずばり、日本をこの世から消してしまう作戦だったのです。

＊第1弾「オリンピック作戦」(Operation　Olympic)
11月1日に宮崎県や鹿児島県の計3カ所から上陸して、南九州に航空機の基地を確保する。上陸部隊57万人が侵攻する前から、絶え間なく艦砲射撃や空襲を行っておく。
＊第2弾「コロネット作戦(Operation　Coronet)」
翌年3月1日に、千葉県と神奈川県より関東平野に上陸して、首都東京の制圧を目指す。上陸開始は52万人、その後ヨーロッパ戦線からの再配備で総兵力100万人以上を投入。侵攻6カ月前から艦砲射撃と空襲で、東京湾一帯の防御を壊滅させておく。

《その先にもっと恐ろしい計画があったのですが、想像がつきますか？》

終戦後の「日本統治プラン」まで明確に決めてあったのです。戦争真っ最中に戦後処理の計画まで決めてあったとは……。余裕綽々《よゆうしゃくしゃく》たる行為には、悔しさを飛び越えて呆れてしまうほどです。

【日本占領統治計画】の内容を紹介しましょう。

第1局面…3カ月間　アメリカ軍85万人が軍政統治(軍隊が武力で治める)
第2局面…9カ月間　アメリカ・イギリス・中国・ソ連の4カ国が進駐して統治する
日本の国土は4分割にする
＊アメリカ軍(31・5万人)…関東地方・中部地方・近畿地方
＊イギリス軍(16・5万人)…中国地方・九州地方

＊中国軍（13万人）…四国地方・近畿地方
＊ソ連軍（21万人）…東北地方・北海道地方
＊首都東京は４カ国で分割して統治する

この文面は１９４５年8月15日にまとまりましたが、日本降伏が早くて実行されないで済んだのです。その後、諦めきれないソ連のスターリンは、北海道を南北に分割して一緒に統治しようとアメリカのトルーマン大統領に持ちかけていますが、もちろん断られました。舞台裏を知れば知るほど恐ろしいあの戦争の真実に、めまいを覚えてしまうのは私だけでしょうか。

照らす鏡
太平洋戦争に対する筆者の思い

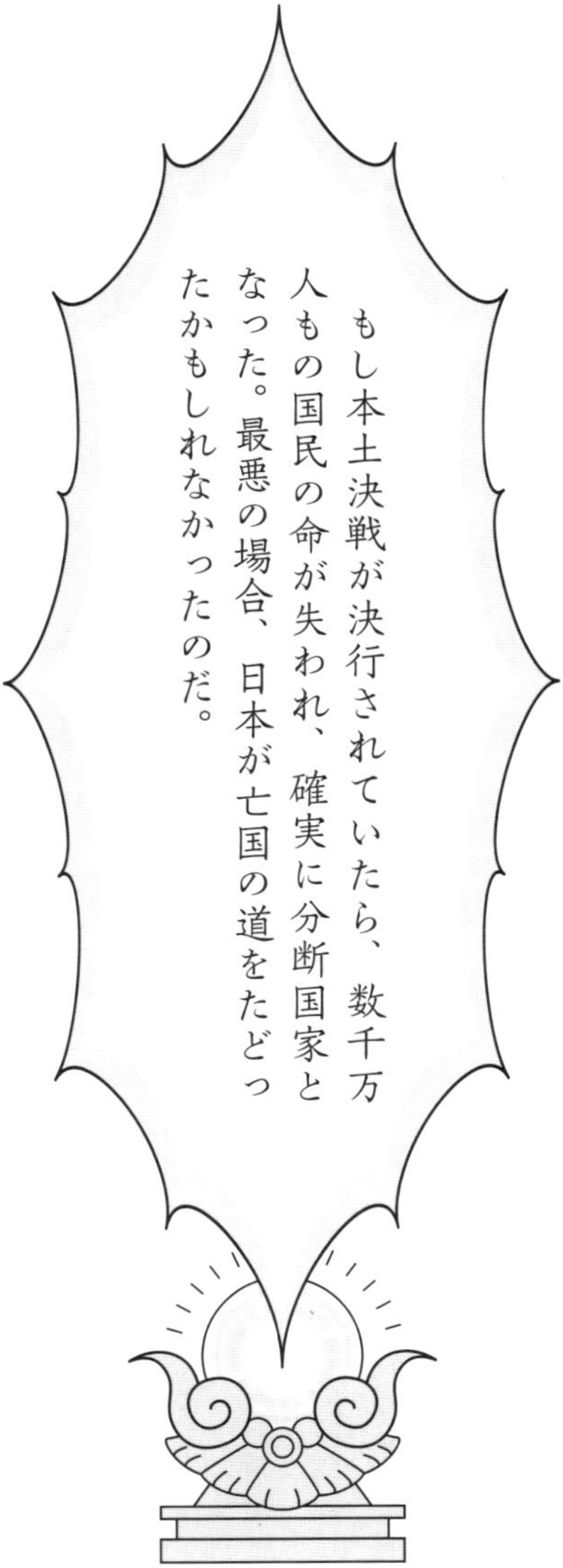
もし本土決戦が決行されていたら、数千万人もの国民の命が失われ、確実に分断国家となった。最悪の場合、日本が亡国の道をたどったかもしれなかったのだ。

第23話

昭和天皇は、「自分の命はどうなってもいい」と最高司令官マッカーサーに伝えていた。

「本当」でしょうか？

「うそ」でしょうか？

正解は「本当」です。

昭和天皇はマッカーサーと初対面した時、戦争責任は自分にあるから身の処置は任せると伝えました。

1945年（昭和20年）8月15日昼の天皇陛下の玉音放送で、「アジア・太平洋戦争」の悲惨な歴史の終結が国民に告げられます。

敗戦の知らせは国民にとって晴天《せいてん》の霹靂《へきれき》。当時の人々の証言をまとめると、「頭にガツンと大きな衝撃を受け、あっけにとられて我を忘れて茫然自失になり、涙がとめどなく滂沱《ぼうだ》のようにあふれた」となります。あふれた涙は悲しさ、悔しさ、失望感、絶望感、それから「やっと戦争が終わった」という安堵感がぐちゃぐちゃに入り乱れていたことでしょう。

8月30日、連合国軍最高司令官のマッカーサー元帥が、日本本土へ第一歩を踏み出します。サングラスをかけコーンパイプをくわえて、丸腰でゆっくりタラップを降りてくる姿に、世界の人々は驚いたようです。

《驚愕されるほど変わった出《い》で立《た》ちには見えませんが、なぜ世界の人々は驚いたのでしょうか？》

十数日前まで戦ってきた占領軍の総司令官が、身辺に護衛もつけず敵国の地にたった一人、丸腰で降り立って、新聞記者たちの前に現れたからです。これは、日本国民の節度ある気質を知った上での演出でした。威圧的でなく自由と寛容と正義で占領政策を進めていくぞ、とのメッセージも込められていたのです。

9月27日。マッカーサーの待つアメリカ大使館に、元首である天皇陛下がお忍びで出向いていきます。初対面の場面を再現してみましょう。

天皇「開戦通告の前に真珠湾を攻撃したのは、全く自分の意図ではなくて、東条首相の謀略があったからである。しかし、だからといって責任を回避するつもりはない。天皇は元首であるから、臣民のとったすべての行動に責任をとるつもりだ」

元帥「戦争責任を自ら取られるのか？」

天皇「あなたが私をどのように罰しても構わない。私はそれに従おう。私は戦争を望んでいなかった。だから戦争にならないようにできる限りの努力をしてきた」

マッカーサーはこの時、ひどく驚き心底から感動したようです。

《はて、感動させた驚きとは何だったのでしょうか？》

戦争に負けた後に自ら訪ねてきて、「自分に責任があるから身の処置は任せる」と潔く訴える人物に今まで出会ったことがなかったからです。占領政策のスタート時点で、天皇に対する尊敬がマッカーサーに生まれます。来訪した時には出迎えさえしなかったのに、会談が終わると丁寧に見送って天皇の車までに乗り込んでいるのです。当時のアメリカの世論調査は、元首である天皇の処遇についてとても厳しいものでした。「天皇を処刑せよ」33％、「終身刑にせよ」11％、「外国へ追放せよ」９％で半数以上が厳しい責任を求めていたのに、日本における天皇の地位や国の形（国体）は戦後も尊重され保証されたのです。

静岡の地で、皆さんに知ってほしい昭和天皇のエピソードがあります。第12回国民体育大会が１９５７年（昭和32年）10月、静岡県で執り行われました。開会式に出席するため昭和天皇が宿泊先に自ら要望されたのは、興津の「水口屋《みなぐちや》」でした。青年天皇を支えた最後の元老「西園寺公望」が暮らした地に、ゆるりと2泊もされたのです。この時に詠まれた御製《ぎょせい》（和歌）が残されています。

静岡県の旅　水口屋にて西園寺公望を思ふ

「波風の　ひびきにふとも　夢さめて　君の面影　しのぶ朝かな」

西園寺が亡くなって17年も経っていたのに、最後の元老だった西園寺を慕い、強い信頼を寄せていたお心持ちがじんわりと伝わってきます。

照らす鏡
昭和天皇とマッカーサーの会談より

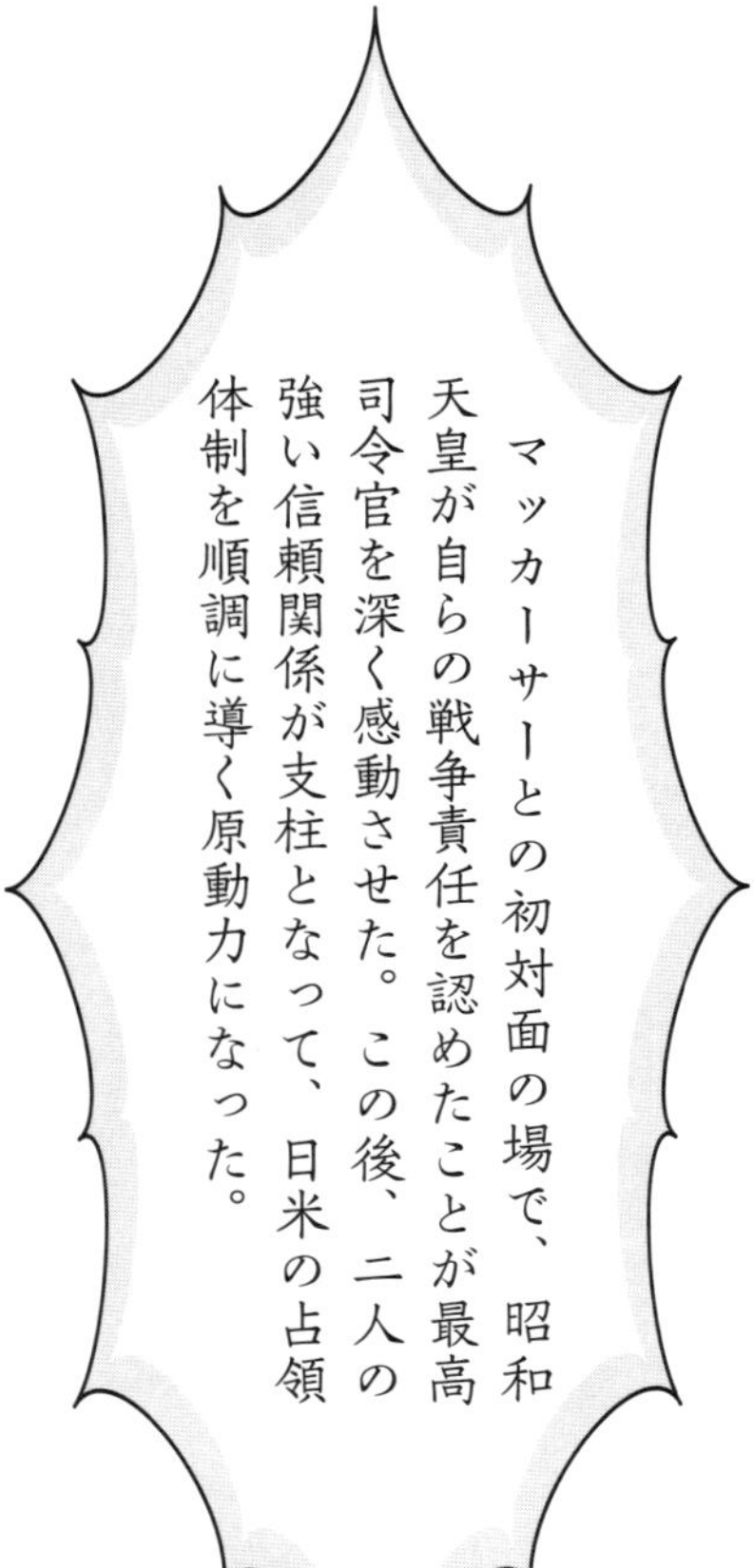
マッカーサーとの初対面の場で、昭和天皇が自らの戦争責任を認めたことが最高司令官を深く感動させた。この後、二人の強い信頼関係が支柱となって、日米の占領体制を順調に導く原動力になった。

第24話

戦争中、アメリカの大型爆撃機（B29）の大空襲が身近でも起こっていた。

「本当」でしょうか？

「うそ」でしょうか？

正解は「本当」です。

アメリカ軍により日本中の392もの都市が空襲を受けました。もちろん静岡県も例外ではありません。

日本は1931年（昭和6年）の「満州事変」を皮切りに、戦争に向かって突き進んでいきました。「日中戦争」「国際連盟脱退」「日独伊三国同盟」、そして「太平洋戦争」です。

戦争は国家と国家とがぶつかり合う総力戦となり、経済力や資源なども含めた「国力差」で勝敗が決まると言われていました。この時期のアメリカとの国力の差は約10倍。日本は最初から勝てるはずのない戦争に突き進んでしまったのです。

3年8カ月（44カ月）に及んだ太平洋戦争の実相を、5つの時期に分類してみましょう。

①勝利の時期——昭和16年12月8日から昭和17（1942）年5月まで
②挫折の時期——昭和17年6月から昭和18（1943）年4月まで
③崩壊の時期——昭和18年5月から昭和19（1944）年1月まで
④解体の時期——昭和19年2月から昭和20（1945）年2月まで
⑤降伏の時期——昭和20年3月から昭和20年8月まで

保阪正康著「陰謀の日本近現代史」（朝日新書／2021年）より

最初の6カ月は勝利しますが、残り38カ月はずっと負け続け、次第に悲惨な負け方に変わってきます。

太平洋に点在する日本の基地が次々と陥落して、アメリカ軍がじわりじわりと日本本土に迫ります。しかもアメリカは〝超空の要塞〟と呼ばれ、最新の機器を搭載した高度で長距離の飛行ができる大型爆撃機（B29）を開発しました。マリアナ諸島（サイパン島、テニアン島、グアム島）を取り返したアメリカ軍は、大量の爆弾を積んで日本まで往復できる基地を手に入れ、日本の国土をすべて空襲できるようになったのです。

１９４４年（昭和19年）は軍需工場や軍事基地を中心に爆撃して日本の軍事力を弱める作戦から、次第に民間人の命や財産の消滅を狙う作戦に切り替えます。大都市だけでなく地方の中小都市への爆撃も開始されました。

《日本本土を大空襲する目的とは、いったい何だったのでしょうか？》

それは国民を痛めつけることで、日本の戦意（戦い続けようとする気持ち）を打ち砕くことでした。日本の家屋は、今でも木材の柱や家具、紙の障子などでできています。アメリカ軍は粉々に破壊する「爆弾」ではなく、丸ごと燃やし尽くす「焼夷弾《しょういだん》」攻撃の方がより効果があると判断します。日本全国の都市への容赦ない焼夷弾爆撃は、日本の実情を調査した上で、データに基づいた決定だったのです。終戦の年（１９４５年）にはほぼ毎日、全国で数カ所の都市が空爆を受けていました。北海道から沖縄までの全都道府県、３９２都市が焼き尽くされたのです。

静岡県内で空襲で亡くなった人は６２３４人。犠牲者の多い順（当時）に、浜松市、静岡市、清水市、沼津市、磐田市でした。小山町、伊東市、下田市、三島市、藤枝市、島田市、御前崎町、金谷町、袋井市、舞阪町なども空襲を受けています。不思議なことに、静岡県の空襲による死傷者は全国で8番目に多く、死亡率は広島県、長崎県、東京都に続いて4番目に高いのです。

《これほど静岡県の死傷者が多いのはなぜでしょうか?》

爆撃機は日本の２５００km南にあるマリアナ諸島から片道6時間かけて飛行してきます。操縦するパイロットにとって最も分かりやすい日本の目印は、すっくとそびえる日本一高い、「富士山」でした。現在は世界遺産となり世界中の人々を魅了する霊峰富士が侵入の目印となり、行き帰りの通過点になっていたのです。平和な現代と戦時中で、「富士山」の見え方や捉え方が正反対に転換してしまうとは…ぞっとします。

照らす鏡
B29の日本への航路

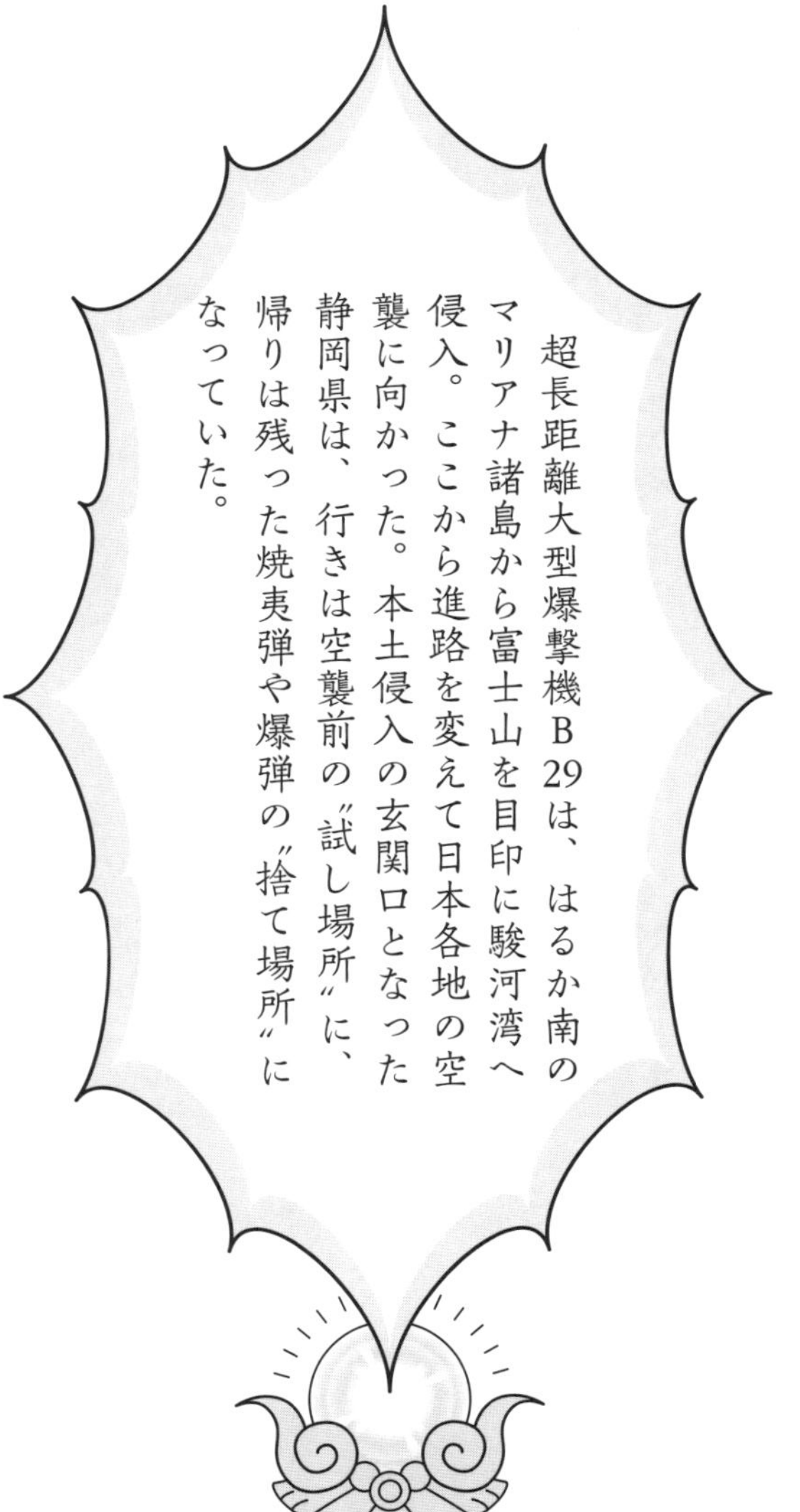
超長距離大型爆撃機B29は、はるか南のマリアナ諸島から富士山を目印に駿河湾へ侵入。ここから進路を変えて日本各地の空襲に向かった。本土侵入の玄関口となった静岡県は、行きは空襲前の〝試し場所〟に、帰りは残った焼夷弾や爆弾の〝捨て場所〟になっていた。

第25話

旧静岡市への大空襲は、昼間ではなく真夜中に行われた。

「本当」でしょうか？

「うそ」でしょうか？

正解は「本当」です。

アメリカ軍は真夜中でも空襲できる条件が揃ったので、昼間よりも都合の良い夜間に変更しました。

《空襲が夜間に変わってきたのは、なぜなのでしょうか?》

それはアメリカ軍のレーダー技術の進化で、夜間での飛行・攻撃が可能になったからです。周囲が暗ければ爆撃機が発見されにくく安全であったという理由もあります。

旧静岡市は大戦中に15回もの空襲を受けました。最も被害が大きかった1945年(昭和20年)6月20日の「静岡大空襲」を取り上げます。

この時、敵国アメリカ軍は空襲に向けて、どのような準備や行動を取ったのでしょうか。

(1) アメリカ軍

【事前の準備】

＊旧静岡市は、日本本土に侵入する玄関口なので、空爆候補地として早めに選んであった

＊半年前より偵察機で静岡上空の写真を何度も撮り、どの地点を攻撃すれば効率よく市街地を燃やすことができるか研究してあった

＊爆撃中心点を本通りと呉服町の交差点に決めて、半径1・2kmの円内に全焼夷弾の50%が着弾すれば壊滅できると判断していた

【空爆当日】

①19日午後6時…B29爆撃機123機がグアム島のアメリカ軍基地を出発する
②20日午前0時…日本側の攻撃を受けることなく、下島海岸から市街地に入る
③20日午前0時51分…静岡上空は雲量が少なくて視界良好なので計画を実行に移す
④20日午前2時54分…用意した焼夷弾787トンを全て投下する
⑤20日午前7時…121機が基地に帰還する。2機は衝突して墜落していた
⑥21日……偵察機が被害状況撮影のために静岡上空に現れ、「市街地66％を焼失させて成功」と報告する

爆撃はわずか2時間で完了。11時間ですべての攻撃任務を計画通り終了させて、淡々とアメリカ軍基地に戻っていく様子がうかがえます。

（2）日本側

一方、焼夷弾を投下された旧静岡市街地はとんでもない事態になっていました。体験者の証言をつなげてみますので、被害の実態を想像してください。

A　大型焼夷弾が雨のようにばらばら降って中空で破裂。この焼夷弾が無数の糸を引いて地上に炸裂した
B　焼夷弾が生き物のようにポンポンと跳ねて、一面が火の海になっていった
C　焼夷弾攻撃の後に、ようやく空襲警報が鳴った
D　不気味な色をした火炎が竜巻のように渦を巻き、人が飛ばされてしまうほど激しかった
E　そそり立つ大火炎と大黒煙が2000m上空へ昇り、火の勢いでできた風はゴーゴーとうなった

F　焼夷弾の火は水をかけると消えるどころか、かえって広がった

G　防空訓練が全く役に立たず、人々は蒲団をかぶって安倍川や賤機山、空襲を受けていない町へ列をなして逃げた

H　空が白み始めると、空の下半分が雲海のように白っぽい灰色におおわれ、雲の中から見たこともないくらい大きな、黒いすすけた太陽が揺らめきながら昇ってきた

I　静岡の街はくすぶり続け、焦げ臭い臭気が鼻をつき、見渡す限りの焼け野原に変わっていた

J　生活の場はすべてがれきになり、黒焦げの死体が物のように散乱して男女の区別さえもつかなかった

「静岡大空襲」の死者は１７６６人、負傷者は６６５４人。とてつもなく甚大な被害だったのです。

照らす鏡
旧静岡市の被災者の証言

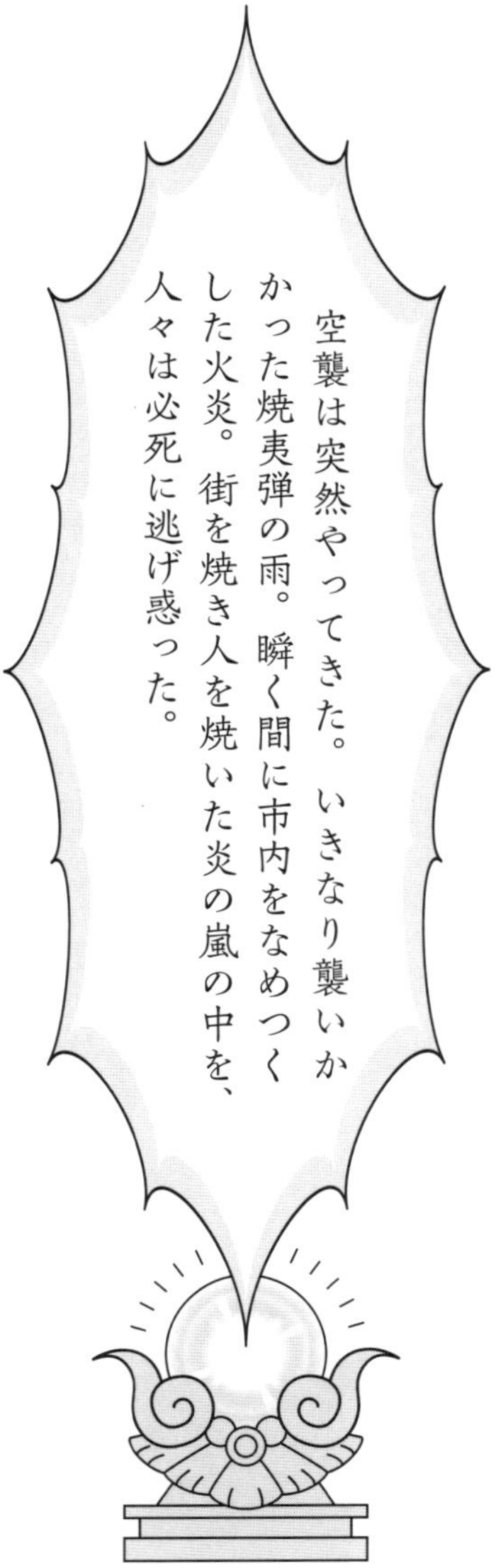
空襲は突然やってきた。いきなり襲いかかった焼夷弾の雨。瞬く間に市内をなめつくした火炎。街を焼き人を焼いた炎の嵐の中を、人々は必死に逃げ惑った。

第26話

「七夕豪雨」と同じ7月7日に、旧清水市（清水区）への大空襲があった。

「本当」でしょうか？

「うそ」でしょうか？

正解は「本当」です。

旧清水市にとって七夕の日は大災害や大災難が起こる日のようです。

旧清水市は、大戦中11回もの攻撃を受けました。港町であるからか、7月31日には「艦砲射撃」まで受けています。砲弾の絶え間のない爆発に生存者は「生きた心地がしなかった」「この世の最後かと思った」などと、その恐怖を語っています。艦砲射撃の破壊力もすさまじいものでした。

旧清水市で最も被害が大きかった1945年（昭和20年）7月7日の「清水大空襲」を取り上げます。

（1）アメリカ軍

【事前の準備】
＊旧清水市も日本本土に侵入する玄関口なので、空爆候補地として早めに選んであった
＊半年前より偵察機で清水上空の写真を何度も撮り、どの地点を攻撃すれば効率よく市街地を燃やすことができるか研究してあった
＊爆撃中心点を東海道線の巴川鉄橋に決めて、全焼夷弾の50％が着弾すれば壊滅できると判断していた

【空爆当日】
①6日午後6時…B29爆撃機133機がグアム島のテニアン基地を出発する
マリアナ諸島の基地はグアム島、テニアン島、サイパン島の3カ所にあったのです。
②7日午前0時…沼津と蒲原で対空砲火を受けないように、60㎞東にある伊東から駿河湾を西に横断して、

三保半島から清水市街の上空へ侵入する

③7日午前1時…清水上空は雲量が少ないので予定通り実行に移す。清水は木造と鉄筋の建物が混在しているため、貫通力があって高熱を発する種類の収束焼夷弾を大量に投下する

④7日午前2時10分…用意した焼夷弾を全て投下し終える

⑤7日午前7時…133機が全機無傷でテニアン基地に無事に帰還する

⑥8日……偵察機が被害状況撮影のため清水上空に現れ、「市街地の50％を消失させて成功した」と報告する

（2）日本側

焼夷弾を投下された都市は、どこもとんでもない事態が起こっていました。

旧清水市の体験者の証言をつなげますので、被害の実態を瞼に描いてみてください。

A　先に甲府に向かう編隊を捉えた空襲警報が鳴り、その後に清水を襲う編隊が遅れてきたため、前の警報が鳴っていた

B　青白い照明弾の後に、大型の焼夷弾が雨のように降って、中空で破裂した

C　破裂すると小さい焼夷弾が無数の筋のようにザザーッと地上に落ちて炸裂。生き物のようにポンポン跳ね、一面が火の海になった

D　防空訓練が全く役に立たず、防空頭巾は薄くて燃えてしまうので、蒲団をかぶって巴川に飛び込んだ

E　港橋の下は人がいっぱいで入る余地がなく、何とか岸の石垣にへばりついたが、2時間くらいしたら

水かさが増してきて、30人くらい流されて溺死した

F　清水の街はくすぶり続け、焦げ臭い臭気が鼻をつき、見渡す限りの焼け野原になっていた

「清水大空襲」での死者は１５１人、負傷者は２７６人でした。清水は投下された爆弾が多かったにもかかわらず、旧静岡市に比べると死傷者の数が極めて少なかったのです。

《被害者が少なくて済んだのは、何か理由があったのでしょうか？》

数日前に「静岡大空襲」を受けた教訓が早くも活かされていたからなのです。「焼夷弾の火は水で消せないのですぐ逃げろ」「かえって危険な防空壕に避難しない」「防空頭巾よりも厚い蒲団をかぶれ」など体験を通した教訓が、口づてに隣の市民に早くも共有されていたことで、多くの命を救うことができたのです。

照らす鏡

生きた教訓が人々を救った

静岡大空襲から17日後の7月7日。隣の旧清水市が大空襲を受けた。１７６６人もの死者を出してしまった静岡大空襲の体験が、早くも生きた教訓として庶民の間で共有され、被害者を少なく食い止めることができた。

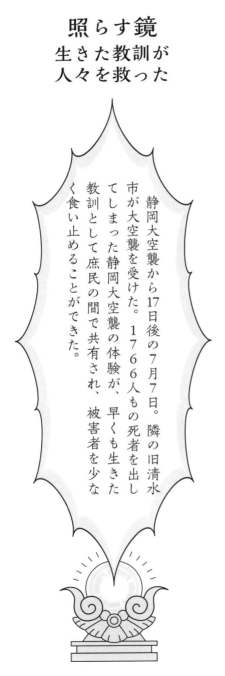

歴史こぼれ話

3 「二・二六事件」の第一報が、早朝の興津坐漁荘に鳴り響いた!?

「二・二六事件」とは、1936年(昭和11年)2月26日未明、陸軍の青年将校ら22人が約1400人もの兵で決起して、首相官邸・政府要人の官邸や私邸・警視庁・新聞社などを一斉に襲った「クーデター」です。この日は記録的な寒波に見舞われ、元老の西園寺公望が暮らす「興津坐漁荘」も積雪3cmと珍しい雪でした。

早朝6時30分、坐漁荘内の電話が邸内にけたたましく鳴り響きます。何事かと女中頭が受話器を取ると、内大臣秘書の木戸幸一《きどこういち》からでした。会話を再現してみましょう。

木戸幸一「木戸です。そちらに異常はありませんか?」
女中頭「はあ、今朝は珍しい雪でとても寒いです」
木戸幸一「公爵は、西園寺公爵は何をされている!」
女中頭「まだ、お休みです」
木戸幸一「それは良かった…。東京は大騒ぎです。海軍大将や内務大臣らが軍隊に襲われた模様です。そちらも警戒を厳重にするようにと、公爵にもよろしくお伝えください!」

女中頭「は、は、はい」

実はこの時、「西園寺公望暗殺」も計画されていました。120人の武装兵で決起して坐漁荘を取り囲む手はずでした。武装された軍隊を数人の警察官で警備する坐漁荘を防げるはずがありません。幸いにも、遂行直前に将校たちの意見が一致せずに暗殺が中止されました。東京から遠く離れた興津の地に住んでいたことが中止の理由だったのか、とにかく西園寺の命はぎりぎりで助かったのでした。

静岡の地ではクーデターの内情が分かりません。襲撃対象者に西園寺が入ることは予想されることでしたので、静岡県警本部から緊急避難を求める連絡が入ります。周囲に説得されてしぶしぶ静岡県知事庁舎に避難した西園寺でしたが、「どうせ死ぬなら、住み慣れた坐漁荘で死にたい」と、反対を振り切ってわずか1日で安住の地と決めた興津に帰ってしまいます。

「昭和天皇」は、側近の重臣たちが暗殺されたことに激怒して青年将校たちを反乱軍と断言します。「朕《ちん》自ら近衛師団《このえしだん》を率い、これが鎮圧に当たらん！」

予想以上に強い天皇陛下のご意思に驚き、反乱軍は抵抗することなく帰順したのです。

激動の時代を乗り越えた昭和天皇は、晩年に「生涯忘れられない出来事」を二つ挙げておられます。

その1　太平洋戦争を終わらせた自らの決断

その2　近代日本最大のクーデター「二・二六事件」

昭和天皇は2月26日を「慎みの日」と心得て、ずっと過ごしていかれたようです。

第六章

あの戦争が伝える日本民族への教訓

日本軍とアメリカ軍の懸け離れた対応

昭和時代

登場人物

高村光太郎

第27話

日本側の空襲への備えと、アメリカ軍の装備やシステム進化との差が大き過ぎた。

「本当」でしょうか？

「うそ」でしょうか？

正解は「本当」です。

戦争には勝者と敗者が存在します。自己のたゆまぬ変革や前例に縛られない改善を進めた側に、勝利の女神が微笑むようです。

「静岡大空襲」と「清水大空襲」。身近にあった戦争の実相を紹介してきました。

《読者のみなさんは、当時の日本とアメリカのさまざまな違いが気になりませんでしたか？》

まずは、アメリカの戦争に対する考え方です。

（1）事前に多くのデータを集めて分析する

半年前に偵察機で攻撃都市の写真を撮り、都市の詳細なデータを把握していました。

（2）以前までの成功体験に縛られず、計画遂行の最善策を更新し続ける

ナチスドイツの都市は〝破壊する〟空爆でしたが、日本の都市は木材と紙を使用していることから〝焼き尽くす〟焼夷弾に切り替えました。

アメリカは、従来の常識から想像もできない性能（極めて高温で燃焼する・水をかけても消火できない・着弾地点は酸欠で窒息死する）の新型焼夷弾「ナパーム弾」を開発。特徴の異なる焼夷弾を数種類揃えて、空爆予定の都市の地形・広さ・建物などによってふさわしい種類や弾数を使い分けました。投下後の検証も念入りで、作戦結果を必ず偵察機が撮影してデータとして残していたのです。

（3）ふさわしい人材は、大胆に登用する

軍需工場の爆撃で思うような成果が出ていないと、急遽ナチスドイツの空爆で成果をあげたカーチス・ルメイ少将を抜擢《ばってき》します。彼は「爆撃の騎士道」などかなぐり捨て、低空からの夜間攻撃や無差別の焼夷弾爆撃作戦を容赦なく決行します。その悲惨さから「皆殺しのルメイ」と呼ばれたのです。

次に、日本側の対応や根底にあった考え方です。もちろん日本も空襲や本土決戦に対する備えを進めていましたが、日露戦争まで勝利の味を占めてきた油断や過信からか、ほとんどの対策が更新されませんでした。一方で国民に対しては、さらなる我慢や忍耐を強いて乗り切ろうとしていたのです。

(1)「爆弾は炸裂した時だけ、あとは恐れることはない！」

実際には、焼夷弾に水をかけると消えるどころか広がってきました。ナパーム弾の恐ろしさを国民は知らず、真面目に消火活動をした人が命を落としてしまったのです。

(2)「敵機の空襲に備えて目標になりやすい電灯やネオンは、遮光したり消灯したりしなさい！」

灯火管制は国民の義務で、電灯を黒い布で覆ったり新聞を被せたりして光が外に漏れないようにしました。しかしアメリカ軍の照明弾はとても明るく、針穴に糸が通せるほどでした。空爆前には必ず照明弾が落とされ、真昼のように明るくなった地点を攻撃していたのです。

(3)「敵の空襲から身を守るために、防空壕を公園や学校、さらに家庭にも作り、警報が発令した時には避難しなさい！」

コンクリートで固めた本格的な防空壕も中にはありましたが、家庭では庭や床下に穴を掘った簡単なものでした。焼夷弾爆撃に対して、防空壕に避難すると閉じ込められて蒸し焼きにされてしまうことが分かってきて、火災から速く逃げることが何より大切だと知るのです。

《戦後生まれの私たち日本人は、戦争の歴史から何を教訓として学べばよいのでしょうか？》

次代に語り継ぐ戦争体験者が減り、昭和の戦争が「同時代史」から「歴史」の領域に入ってきた今、「アジア太平洋戦争」の事実は最も貴重な教材になります。アメリカと日本の違いの中からは、「現代を生きる私たちへの教訓」をいくつか拾い集めることができそうです。

照らす鏡
戦争体験者の談話

終戦前夜、我が町が焼夷弾攻撃を受けた。庭の防空壕に避難、爆音が近づき外をのぞくと、天空から火の雨が降り注いでいた。焼夷弾が火の雨とは誰も教えてくれなかった。焼き殺される。慌てて防空壕から這い出し、命からがら逃げ回った。火たたきや砂袋など防火演習のことは、思い出しもしなかった。

第28話

敵に体当たり攻撃する特別攻撃隊（特攻隊）の基地が、静岡にもあった。

「本当」でしょうか？

「うそ」でしょうか？

正解は「本当」です。

特攻基地というと鹿児島県の知覧《ちらん》（陸軍）や鹿屋《かや》（海軍）を連想しますが、水上特攻の基地が静岡市清水区にもありました。

「特別攻撃隊」、略して「特攻隊」の言葉を聞いたことがあるでしょう。

《他の攻撃と違う「特別」とは、何のことでしょうか？》

古来より戦争は、近距離で直接斬り合ったり撃ち合ったりするか、遠く離れて弓矢や弾薬で攻撃する形態でした。

日本軍の特別な攻撃とは、人間を弾丸にした「体当たり攻撃」のことです。太平戦争末期に日本軍が組織的に行いました。人間の肉体（命）が弾丸なので、この攻撃に加わることは〝死〟を意味しました。万に一つも生還できる可能性がなかったのです。

日本の陸軍と海軍は劣勢の戦局を少しでも打開しようと、太平洋戦争の末期にとんでもない作戦を考え出します。兵器や資金の明らかな不足を、人間の命で埋め合わせようとしたのです。本来、国家というものは国民の命や財産を第一に守る責任がありますが、その国家が命を捨てることを強いたのです。

特攻隊には20歳前後の若い戦士たちが志願して、多くの尊い命を散らしていきました。何とも無残、非情、残酷、そして残念でなりません。

特攻の方法は、飛行機、水中の兵器、水上の兵器、ロケットなどさまざまな形態がありました。まずは飛行機。日本で初の特攻は、「神風特別攻撃隊」だと言われます。零戦などの戦闘機は少なかったので、性能が劣る戦闘機や木製の練習機で出撃した隊員までいたようです。

次に海での兵器。海の中を潜水する人間魚雷型の「回天《かいてん》」、潜航して敵を攻撃する「海龍《かいりゅう》」がありました。さらに海上から特別攻撃する兵器を使う特別攻撃隊の基地が、静岡市にあったのです。アメリカ軍の本土上陸を想定した戦いに備えた水上特攻の「震洋隊《しんようたい》」が清水区三保にひそかに作られていました。現在でも震洋を格納したコンクリート製の建物「掩蓋《えんがい》」が残されています。9カ所ほど残っているとの情報がありましたが、私は内海側で3カ所の掩蓋を見つけました。「震洋」は長さ6ｍほどのベニヤ板の、いわゆるモーターボートでした。特攻艇ですから弾薬を積んで搭乗員もろとも敵艦に体当たる役目です。実際には敗戦まで5隻ほどしか配備されず、実戦では使われませんでした。

日本海軍が戦局を打開するために開発した、若者の命を乗せた特攻兵器が小型のベニヤ板木製ボートだったとは、切なくやるせない気持ちになります。国家を支える国民の命が、「鴻毛《こうもう》より軽く」扱われていた時代だったのです。

若い特攻隊員が突撃前に残した遺書や日記、川柳が残されています。国の繁栄を信じ、家族や知人への感謝と安寧を願い、親不孝を謝り、若い命を散らしていった真っ直ぐな文章は、涙なしには読むことができません。

戦争で亡くなった学生の手記を集めた『新版きけ　わだつみのこえ』（岩波文庫／日本戦没学生記念会編／

1995年）から、航空機特攻隊員として沖縄で戦死した23歳の学徒の手紙を紹介しましょう。

お母さん、とうとう悲しい便りを出さなければならないときがきました。吉田松陰の辞世の歌「親思う心にまさる親心　今日のおとずれ何ときくらむ」。この歌がしみじみと思われます。ほんとうに私は幸福だったです。我ままばかりとおしましたね。けれどもあれも私の甘え心だと思って許して下さいね。

晴れて特攻隊員と選ばれて出陣するのは嬉しいですが、お母さんのことを思うと泣けて来ます。母チャンが私をたのみと必死でそだててくれたことを思うと、何も喜ばせることが出来ずに、安心させることもできず死んでゆくのがつらいのです…

照らす鏡
「特攻（体当たり攻撃）」に対する筆者の素朴な疑問

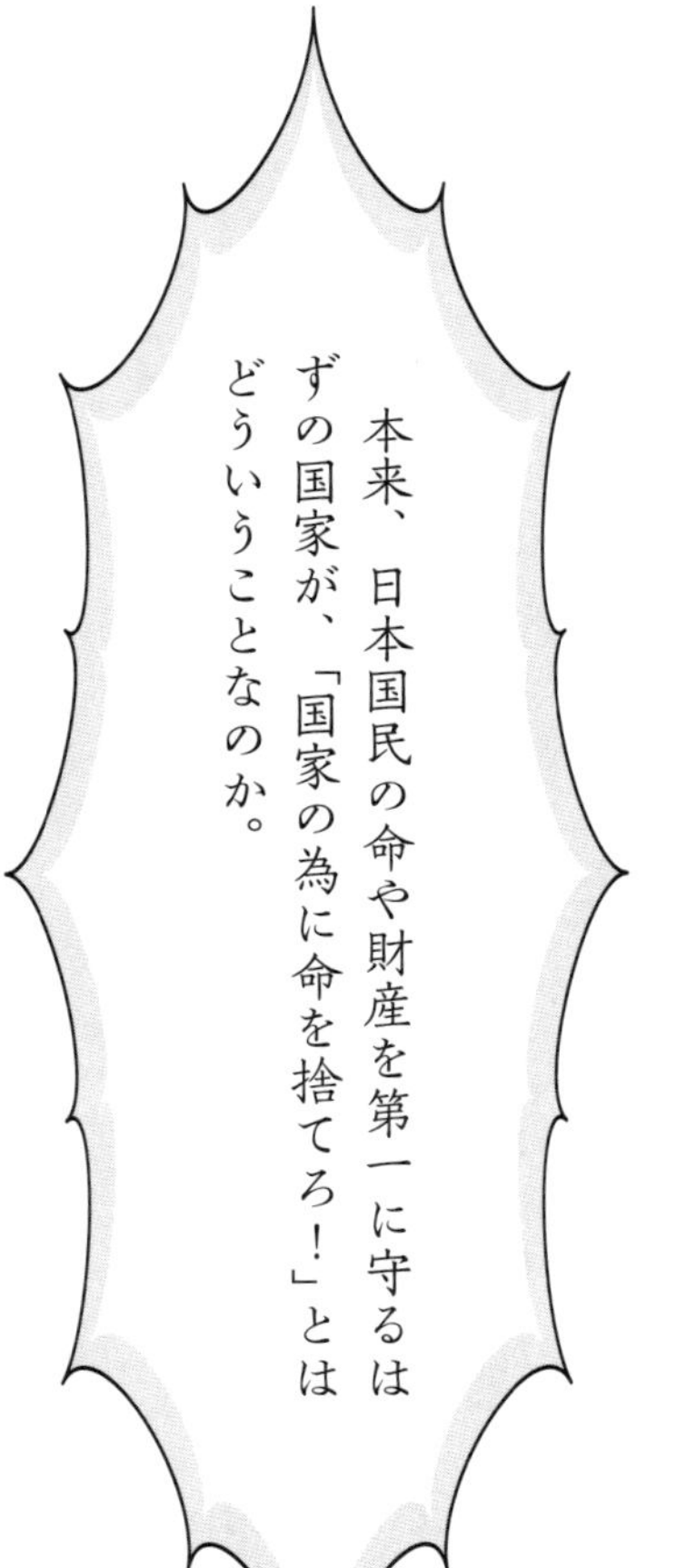
本来、日本国民の命や財産を第一に守るはずの国家が、「国家の為に命を捨てろ！」とはどういうことなのか。

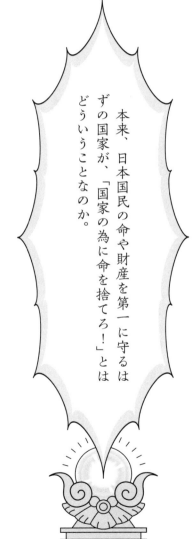

第29話

敵機の襲来をいち早く
発見するため、
日本の空を青年たちが守っていた。

「本当」でしょうか？

「うそ」でしょうか？

正解は「本当」です。

昼も夜も24時間、休むことなく365日、日本本土を守るために青年たちが必死で監視していたのです。「防空監視哨《ぼうくうかんししょう》」――おそらく初めて聞く言葉でしょう。「防空」とは国の空を守ること、「監視哨」とは用心して見張る場所、ずばり「敵機を見張る小屋」のことです。

国家を空から守るために太平洋戦争開戦の直後1941年（昭和16年）12月に「防空監視隊令」が制定されます。軍隊とは別の組織として、府県知事らによって防空監視哨が全国に設営されたのです。青年学校から多くの青年たちが監視哨へ動員されました。見張り員（哨員《しょういん》）は、24時間365日、休まず敵機を監視していました。敵機発見の貴重な情報が、警報として発令される仕組みだったのです。

監視哨は静岡県中部地区だけでも16カ所。その中から私が現地で確かめた4カ所を紹介しましょう。

1. 清水監視哨…駒越の萬象寺《まんぞうじ》にあり、東は蒲原、沼津、伊豆半島、東は大崩、御前崎と駿河湾を一望できます。
2. 興津監視哨…興津宿公園の裏山にあり、伊豆半島南端から富士山、駿河湾、清水港を一望できます。
3. 蒲原監視哨…由比監視哨（西山寺）から蒲原町堰沢《せきざわ》の山の上に移されました。東は伊豆半島、沼津、富士、西は薩埵峠、有度丘陵、三保が見渡せます。
4. 郷島《ごうじま》監視哨…実際は野田平《のたひら》の小高い山の上にあり、静岡平野の一部や大浜海岸まで望めます。

一つの班は、哨員6人と班長1人の7人。班内で交代して24時間勤務。監視は2人ずつで、昼は1時間交替、夜は2時間交替でした。手持ちの双眼鏡と、備え付けの拡大率の高い双眼鏡がありました。

もし、発見したら「時間・方角・敵味方の別・機種と数・高度」を、去ったら「時間・方角」を迅速に正しく報告するのです。国民の命を守るという重責を負っているので、青年たちはテキストを携えて繰り返し繰り返し勉強していました。

・方向の目安として富士山は北東　・距離の目安として水平線が35㎞先

・標高の基準は浜石岳が７１０ｍ　・敵機の識別が何より大切

現場に応じた知見と共に、肌身離さず持ち歩いていたのが「携帯用の敵機の識別本」。識別本には敵機の見分け方の手順として、まず発動機、次に尾翼の形、それから主翼の形、最後に全体の姿等が詳細な図入りで書かれてありました。このように、青年たちは全神経を研ぎ澄ませて空の監視に専念していたのです。

《青年たちの苦労が、敵機の発見や警報の伝達に大貢献できたのでしょうか？》

残念なことに、昼間に発見することができても、空襲警報が空襲前に鳴ることは少なかったようです。問題点は、警報が伝えられる流れや伝達の仕方にありました。

監視哨で敵機を発見したら、至急専用の警察回線で監視隊本部へ電話します。監視隊本部は陸海軍司令部へ連絡して、司令部が各地の情報を分析して警報で伝える仕組みでした。その時間は早くても5～6分かかり、ようやく発令された時には敵の飛行機が30～40㎞先まで前進しています。海岸から近い都市の場合、警報が鳴るのは早くて空襲直後で、飛行機がはるか飛び去った後に鳴ることもあったのです。

詩人の高村光太郎が「監視哨」という詩を残しています。「4月18日を人が忘れず」とあるのは、1942年（昭和17年）4月18日のことです。アメリカ陸軍機16機が空母より発進して東京、名古屋、神戸などを初空襲した日です。戦争が始まって間もなくの日本本土空襲は、戦争は外国の地で行われているものだと安心していた日本国民にとって、戦場が足元まで迫っていることを知った衝撃的な大事件だったのです。

照らす鏡
高村光太郎「監視哨」

今日来るか明日来るか、たった
今来るか来ないか、はっきりした手立てのない、
それでゐて脇目もふれない、油断もすきもない敵だ。
高く来るか低く来るか、それさへもとより分からない。
大陸からか、海からか、空をおおってくるかぱらぱらくるか、
神しろしめす吾等の国土を、卑しきやっこが窺《うかが》ふことすら、吾
等は断じてゆるし難い。
4月18日を人が忘れず、監視哨に立つ時、吾等は空
の軋《きし》りをきき、微塵《みじん》をも視る。春夏秋冬は
ただ雲のたたずまひにある。

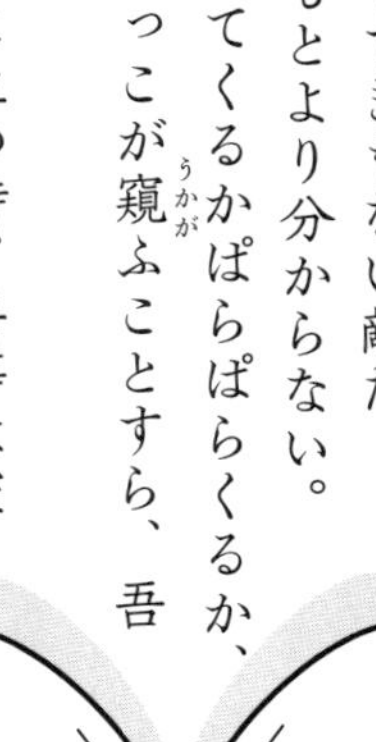

第七章

江戸無血開城の扉をこじ開けた益荒男《ますらお》

師匠の山岡鉄舟と清水次郎長

江戸時代〜明治時代

登場人物

山岡鉄舟

勝海舟

高橋泥舟

徳川慶喜

松永七郎平

清水次郎長

西郷隆盛

明治天皇

榎本武揚

第30話

江戸を決戦場にしようと進撃する新政府軍を食い止めた使者は、助っ人の助っ人だった。

「本当」でしょうか？

「うそ」でしょうか？

正解は「本当」です。

最後の将軍「徳川慶喜」の特命を帯びた使者は、二転三転してようやく決定していたのです。清水区村松にある「鉄舟禅寺」をご存じですか。その使者が、鉄舟寺と深い関わりのある人物なのです。

260年続いた江戸幕府が倒れて明治の世がやってきました。

1867年（慶応3年）、15代将軍・徳川慶喜が政権を朝廷に返上して「大政奉還」が実現します。平和裡に政権の委譲が進むかと思いきや、旧幕府軍と新政府軍との争いがまだ続きます。これが「戊辰《ぼしん》戦争」。

旧幕府軍は兵力で勝っていたのですが「鳥羽伏見の戦い」で新政府軍に敗北してから、潮目が一気に新政府軍に流れていきます。勢いづく新政府軍は、徳川慶喜に対する追討令を出し江戸を目指して進撃します。武力で旧幕府軍を薙ぎ倒してしまおうと考えていたのです。

《旧幕府軍の最後の将軍となった徳川慶喜は、どうしていたのでしょうか？》

新政府軍の命令に従う決意を固めて、江戸城を出て上野の寛永寺で自ら謹慎生活を送っていたのです。

この時、江戸城総攻撃を防ぐために直接交渉に向かおうとしたのが幕臣の要・勝海舟でした。主君「徳川慶喜」の命を守ることはもちろん、日本人同士が争っている場合ではないと考えていました。日本の首府・江戸で破壊や火災が起こって人々の命や財産が奪われれば、政治や経済が混乱して国力が大きく低下します。隙あらば日本を植民地にしようと狙っている外国の国々があったのです。

京都を出発した新政府軍は、見る見る膨れ上がり江戸をめざして大軍を進めてきます。もう一刻の猶予もありません。

徳川慶喜は「新政府軍に従う」との真意を、総司令部のある駿府（静岡）に早急に伝えるよう総指揮官の勝海舟に頼みます。ですがその夜、不安に駆られて「お前が行ってしまって、もし帰って来られなかったら困る」と気が変わるのです。

次に、慶喜の身辺警護の隊長でもあり槍の名手で知られた高橋泥舟《でいしゅう》に声がかかります。出発の準備を始めますと、「お前が行くと遊撃隊が暴発して私の命が危なくなるから行かれたら困る」とまた取りやめの連絡を入れます。

もう打つ手がないと諦めたその時、高橋泥舟から推薦されたのが、当時は全く無名の「山岡鉄舟」でした。この鉄舟は泥舟の義理の弟（妹の夫）なので人柄をよく知っていたのです。10代で両親を亡くした鉄舟は、幼い弟たち5人を養って、「ボロ鉄」と呼ばれるほど貧乏暮らしをしていましたが、剣術と禅の道を極めようと厳しい修行を続ける、骨太な人間だったのです。

「江戸総攻撃」は1868年（慶応4年）3月15日に決定していたので、大総督の西郷隆盛に交渉できる日数はわずかです。幕臣の鉄舟は主君・徳川慶喜と初顔合わせします。鉄舟は遠慮などすることなく主君に尋ねます。「謹慎は、本心からなのでしょうか？」すると、慶喜が涙ながらに「無二の赤心があるだけ（嘘偽りのない真心である）」と真意をこぼすではありませんか。この時、鉄舟は決心が固まりました。「死を覚悟して、主君・慶喜の本心を必ずや届けよう！」

続いて、鉄舟は勝海舟を訪ねます。初対面であり「剣術は強いが乱暴者」の噂を信じて用心していた海舟でしたが、鉄舟に会った瞬間「この男はできる！」と感じ取りました。勝海舟は西郷への手紙を書き、薩摩出身で同伴する相棒まで手配します。翌朝3月6日、家族には「ちょっと用事で出かける」とだけ告げて、駿府に向かって命がけのミッションに旅立っていったのです。

徳川家の最後を迎えた時に活躍した3人を「幕末の三舟」と呼びます。名前に「舟」がつく3人は、勝海舟、高橋泥舟、山岡鉄舟。今回はこの3人のそろい踏みとなりました。

照らす鏡
山岡鉄舟（鉄太郎）が
徳川慶喜に対して

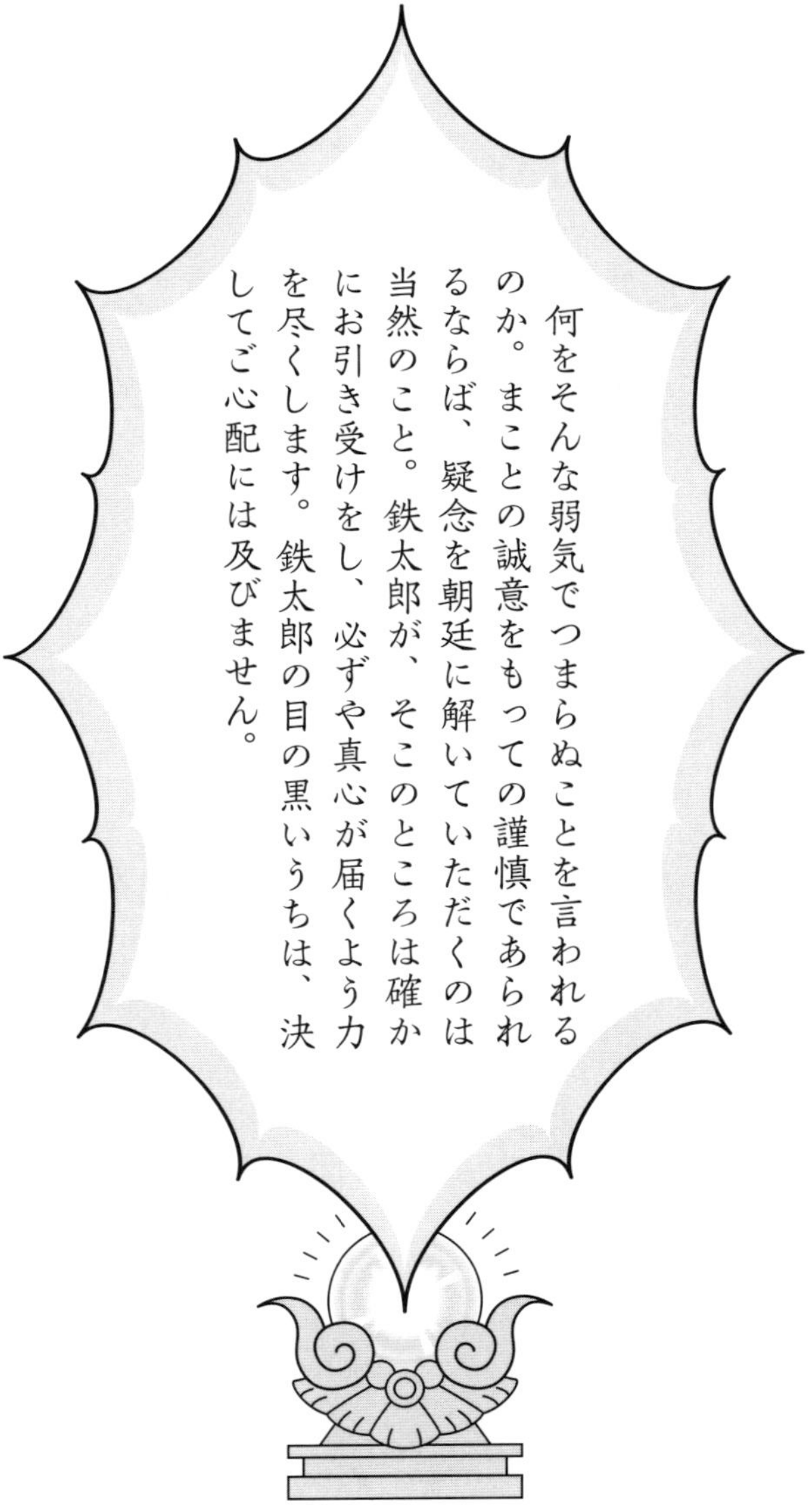
何をそんな弱気でつまらぬことを言われるのか。まことの誠意をもっての謹慎であられるならば、疑念を朝廷に解いていただくのは当然のこと。鉄太郎が、そこのところは確かにお引き受けをし、必ずや真心が届くよう力を尽くします。鉄太郎の目の黒いうちは、決してご心配には及びません。

第31話

山岡鉄舟は絶体絶命のピンチを何度も乗り越えて、ようやく駿府にたどり着いた。

「本当」でしょうか？

「うそ」でしょうか？

正解は「本当」です。

駿府に向かう道中、命を落としても不思議ではない場面を持ち前の胆力と強運で乗り切ったのでした。

山岡鉄舟と益満休之助《ますみつきゅうのすけ》は、3月6日の早朝に江戸を発ちます。目指すは新政府軍の総司令部トップの西郷隆盛との直談判。益満は薩摩藩の出身者なので、同行すれば安全に駿府にたどり着けるだろうと勝海舟が手配しました。なぜなら、新政府軍は主に薩摩と長州の出身者で編成されていたからです。

多摩川（六郷川）を渡ると早速、先発隊に出合ってしまいます。道の左右に整列しているので仕方なくど真ん中を歩いていますと、着いたのは隊長のいる宿舎。早くも大ピンチです。

「怪しい者だ。名を名乗れ！」

《早速の大ピンチに、鉄舟はどんな行動をとったのでしょうか？》

何と、周囲に響き渡る大声で堂々と叫んだのです。「朝敵　徳川慶喜公の家来、山岡鉄太郎　大総督府へ通る！」そこにいた100人ばかりの兵は、小声で「あの徳川慶喜か？」「敵の大将の家来なのか？」などと呟《つぶや》くだけで呆然と眺めています。気迫に呑まれたのか、誰も手を出そうとしません。鉄舟たちは恐れる素振りなど見せず厳然と歩いて通過しました。

翌日になると相棒の下痢がひどくなり、共に歩けなくなります。仕方なく三島に益満を残して鉄舟一人で向かうことになりました。幕臣の鉄舟には新政府軍の知り合いは一人もいません。そこで沼津からは目立つ東海道を通らず、浜辺の道を選んで松林に隠れながら進むことになったのです。

一番困ったのは清水区の由比です。御存知のように、由比は背後に山が迫って眼前が海、街道しか歩ける場所がないのです。鉄舟は薄い月明かりだけを頼りに、暗い夜道を用心しながら進みました。薩埵峠の坂を昇り始めると思わず足が止まりました。先方に新政府軍の篝火《かがりび》が煌々と見えたからです。大人数で待ち構えているようなので、道を外れて斜面の藪を抜けていくしかありません。探り足で真っ暗い藪をくぐって行こうとしましたが、誤って枯れ枝を踏み折ってしまいます。「バキッ！」静寂を突き破るかのような乾いた音が、漆黒の闇に響きました。「あそこだ！撃て」闇を裂く銃声が鉄舟に向けて一斉に轟《とどろ》いたのです。

《今度こそ絶体絶命の大ピンチ。鉄舟はどうしたのでしょうか？》

藪を必死で駆け下りると、大きな家がありました。戸を何度か叩きますが返答がありません。「頼もう。あやしい者ではない。開けてくれ」と押し殺した声で戸板の隙間から伝えます。真夜中の訪問客など、尋常な事態であるはずがないのです。誰もやっかいごとには巻き込まれたくないのです。潜り戸から様子見のために戸が少し開きましたので、鉄舟はすき間から素早く跳び込み、身分や立場を明かします。

事情を察した当主の松永七郎平は、心底に届くものがあったのでしょう。「ここは危ない。どうぞ奥座敷へ」と案内します。この家の奥座敷は家族もめったに入らない隠し部屋で、よほど信頼した人間でないと通しません。その直後、官軍が押し寄せました。天井や壁を刀や槍で突きながら探し回りますが、さすがに隠し部屋は見抜けなかったようです。強運に導かれて鉄舟の命はつながりました。主人と鉄舟の会話を想像してみましょう。「官軍に追われているが、急ぎ徳川慶喜公の命を受けて駿府に行かねばならない。海沿いの道がないか」「道は通れませんが、舟なら出せます」「舟とは有り難い」「まずは清水湊に舟を着けましょう。

次郎長という男に手紙を書きますのでお待ちください」と話が手短に運んだようです。

鉄舟がたまたま跳び込んだ場所は「望嶽亭藤屋《ぼうがくていふじや》」。間宿《あいのしゅく》で脇本陣や網元も営む家で、当主の機転で運良く救われたのでした。

3月7日の真夜中、鉄舟は武士の服を脱ぎ捨て漁師に変装して清水次郎長を頼ります。次郎長は鉄舟の大切な使命と決意を知り、官軍から命を匿《かくま》うだけでなく、西郷隆盛のいる駿府までの安全な行き方や身支度まで用意します。次郎長の家を出発したのは、漆黒の闇に包まれた9日午前2時。敵兵の警護が厳しい東海道を避けて、次郎長の子分たちに先導されながら久能街道を回り、西郷の待つ会見場に無事にたどり着くことができたのです。

「山岡鉄舟」が詠んだ歌を紹介しましょう。ぶれない信念と真っ直ぐな生き方を、富士山と重ねて吐露しているかのようです。

照らす鏡
山岡鉄舟の一首

晴れてよし　曇りてもよし　不二の山
元の姿は　変わらざりけり

第32話

「江戸城無血開城」実現への密談は、山岡鉄舟と西郷隆盛の間ですんなり決まった。

「本当」でしょうか？

「うそ」でしょうか？

正解は「うそ」です。

命がけで辿り着いた交渉の席だったのに、鉄舟には納得できない一条件があって、どうしても譲ることができません。互いの主張が噛み合わず、交渉が決裂しそうなほど厳しいものだったのです。

強運というか奇跡というか、幾多の困難を乗り越えて、山岡鉄舟は駿府にたどり着くことができました。でも、ここからが本題の「会談」です。場所は「松崎屋」。西郷と鉄舟が会見した碑が、新静岡駅近くのペガサート横に建てられています。

二人は初対面でした。鉄舟は、勝海舟の手紙を直接渡して、徳川家の恭順と謝罪の考えを述べます。江戸の形勢を告げて、争うことなく穏便に対応するよう切にお願いします。

西郷は「これまで何人かの使者が来たが、ただ恐れ畏《かしこ》まるばかりで筋道が通らず、空しく戻って行かれた。あなたが来られたので江戸の実情もはっきり分かった」と安堵します。3月15日の江戸総攻撃は既に決まったことではあるが、もし五つの条件に従うならば、徳川家に対して寛大な処置で考え直しても良い、と西郷は譲歩します。鉄舟は初めて一筋の光明を見いだしました。

1　江戸城を明け渡すこと
2　城内の人を向島へ移すこと
3　兵器を渡すこと
4　軍艦を渡すこと

5　徳川慶喜を備前の国へ預けること

どの項目も敗戦軍にとっては仕方のない内容のようですが、なぜか鉄舟は首を縦に振らないのです。

《交渉成立させたいはずなのに、なぜ承諾しないのでしょうか？》

どうしても譲ることのできない条件が一つだけ入っていたからです。それは、「主君・慶喜をよそ（岡山県）へ送ってしまうこと」でした。

鉄舟は不服を遠慮なく述べます。「元徳川家の家臣として、主君を備前に預けることはできません！」西郷は「朝命ですぞ！」と詰め寄ります。王政への復古を目指す政府にとって、朝廷の命令は何より優先され、承諾以外の返答はありえないことです。それを「たとえ朝命であっても受けられません！」と鉄舟は身の程をわきまえずに断ったのです。恰幅がよくて大きな眼《まなこ》の西郷にすごまれたら、味方であっても反論できる人間などいなかったでしょう。それなのに敗戦軍で弱い立場の交渉人が、真っ向から断ってきたのです。

鉄舟は反論するのではなく、信条を吐露《とろ》します。

「ならば、先生（西郷）と私の立場を取り替えて考えてみて下さい。先生の主君・島津公が朝敵の汚名を着せられ、恭順謹慎を示しているとします。先生が私と同様に主君のために尽力している時にこんな処置が下ったら、あなたはさっさと主君を差し出して安閑としていられますか。あなたにとって『君臣《くんしん》の情《じょう》』とはいったい何であるとお考えですか。私はどうしてもこの一条件は承服できません」と、臣下としての本心をあたかも真剣勝負の如く切り返したのです。西郷はしばらく沈思黙考した後、重い口を開きます。

「あなたの言われることはごもっともです。慶喜公のことについてはこの吉之助が確かに引き受けて取り計らいます。先生がご心配することはありません」

真剣勝負でしのぎを削った二人の心が、この時に響き合ったのです。

西郷は表情をくずして、「あなたは官軍の陣営を破ってここに来ました。本来は捕縛するところなれど…まずは酒を酌みましょう」と誘います。二人は酒を酌み交わし、晴れ晴れとした笑顔で別れたのです。

歴史の曲がり角で時代が動いた瞬間でした。駿府の地で西郷と鉄舟が出会わなかったら、日本は真っ二つに割れて内乱が起こり、外国に侵略されていたのかもしれません。

《私たちが歩んできた歴史は必然の産物なのか？　それとも偶然の気まぐれなのか？》

興味深い問いですが、私は先人への敬意を込めて、前者（必然の産物）を信じています。

照らす鏡

西郷隆盛が山岡鉄舟を評価して

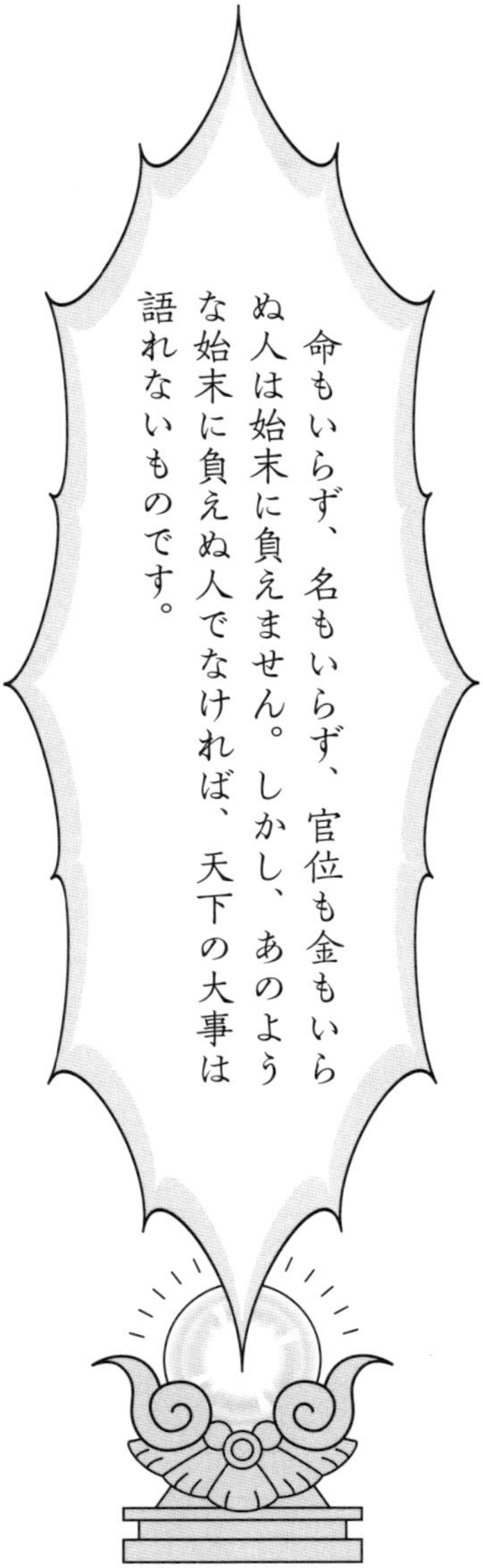
命もいらず、名もいらず、官位も金もいらぬ人は始末に負えません。しかし、あのような始末に負えぬ人でなければ、天下の大事は語れないものです。

第33話

大政奉還後、静岡に移り住んだ徳川慶喜は、明治政府を倒す計画を練っていた。

「本当」でしょうか？

「うそ」でしょうか？

正解は「うそ」です。

「徳川慶喜」は明治政府を倒そうとする素振りなど、微塵も見せませんでした。終生にわたり、沈黙・無関心・不参加を貫いたのです。

明治維新で、260年間続いた江戸幕府が倒れました。これは15代将軍徳川慶喜が、征夷大将軍の権限を天皇に返したからです。この時慶喜は、有力な大名同士の話し合いで政治を行うことになるだろうと考え、その中心に自分がなろうと計画していました。

ところが、薩摩藩や長州藩を中心とする討幕派の勢力は「王政復古の大号令」を出して新しい政府を組織し、徳川の将軍であった慶喜を政権から排除しようとします。旧幕府軍は激怒しましたが、慶喜は戦乱を避けるために彼らをなだめます。

それでも、幕府を倒したい勢力は、慶喜を戦争に引き込もうと挑発を続けます。鳥羽伏見の戦いに始まり箱館戦争まで続く「戊辰戦争」が続いていくのです。

江戸無血開城に至る山岡鉄舟と西郷隆盛の魂をぶつけ合うかのごとき交渉の様子は、前話で伝えました。

《その後、最後の将軍であった徳川慶喜はどうなったのでしょうか？》

慶喜は命を奪われることなく、まず水戸で、その後に静岡の地で謹慎生活を送ることになります。謹慎とは、家族以外の人と会ったり連絡し合ったりすることを禁止されることなので、外出を控えて外部との接触を避けた不自由な生活が求められます。

明治政府にとって徳川家最後の将軍は、特に気になる存在でした。本人が行動を起こそうとしなくても、周囲から反乱の神輿《みこし》として担がれる心配があるからです。

慶喜は自分の存在や立場をよく認識していたようです。政治的な活動は一切しないで「沈黙・無関心・不参加」を貫いたのです。怪しい噂が立つ気配さえも消そうとしたのでしょう。

《噂の気配さえも消そうとする生活とは、どのような暮らしぶりでしょうか？》

静岡市に移り住んだ慶喜は、謹慎生活を利用して「趣味の世界」に没頭します。油絵を習い、写真撮影を始めました。翌年に謹慎が許されて外出できるようになると、自転車に強い興味を持ち、市内を乗り回すようになります。朝のサイクリングは、得意な弓や打毬《だきゅう》とともに日課でした。打毬とは、騎馬で二組に分かれて毬《まり》を手網ですくって穴の中に投げ込み合う、ポロに似た競技です。他にも放鷹《ほうよう》（鷹を放す）をしたり、書道をしたり、能楽や謡曲を愉しんだり、囲碁や刺繍《ししゅう》まで嗜《たしな》みました。趣味の世界が多彩であったことが分かりますが、いずれもかじった程度ではなく、すべてセミプロ級の腕前だったようです。

洋風の食文化もどんどん取り入れて、日曜日の朝はバタートースト、紅茶にはコーンフレークを付けるなどしていました。

いろいろな趣味を楽しむ慶喜の姿を、市民は「慶喜様（ケイキサマ）」と親しみを込めて呼びました。政治と全く無縁の生活を送ること、趣味に没頭する姿を見せることで、最後の将軍だった自分の役割を演じていたのでしょうか。

約30年間の静岡での生活の後、１８９７年（明治30年）に東京の巣鴨に移り住みます。新しもの好きな慶喜は時代の最先端の物品が流通している東京に来ると、電話を引いたり、アイスクリームを作ったり、蓄音機でレコード鑑賞したりと好奇心が尽きることがなかったようです。

前半生と後半生が極端に変転した人生を送った慶喜。亡くなったのは１９１３年（大正2年）、長い余生（後半生）を過ごして、享年77歳でした。徳川政権を打倒して皇位の地位を不動のものにした明治天皇よりも長生きしていたことは、意外と知られていません。

徳川慶喜は徳川幕府を崩壊させた〝当事者〟として、そして近代天皇制国家の成立から確立までを〝傍観者〟として見届けた人物でもあったのです。

照らす鏡
徳川慶喜の言葉

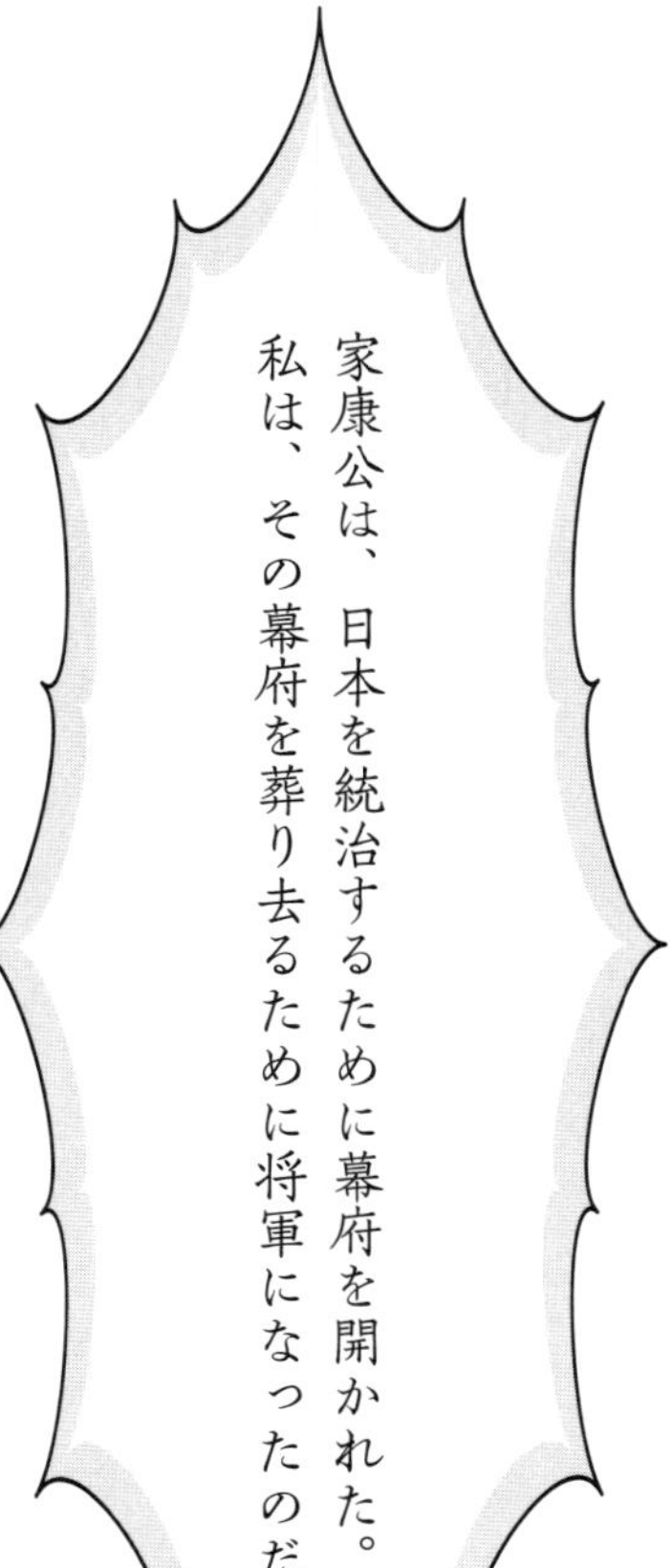
家康公は、日本を統治するために幕府を開かれた。
私は、その幕府を葬り去るために将軍になったのだ。

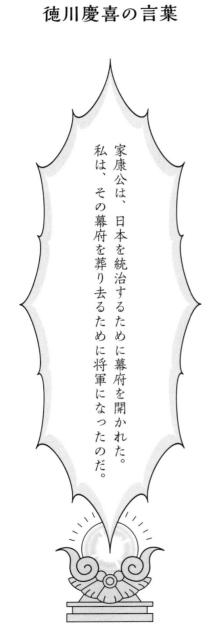

第34話

山岡鉄舟は敵軍だった新政府から、明治天皇の侍従（教育係）を頼まれた。

「本当」でしょうか？

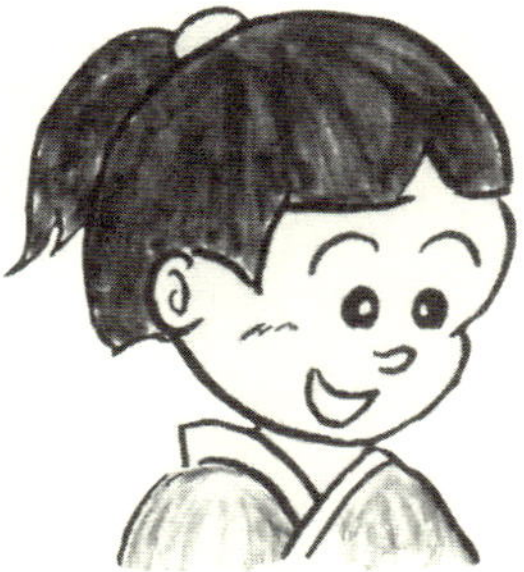

「うそ」でしょうか？

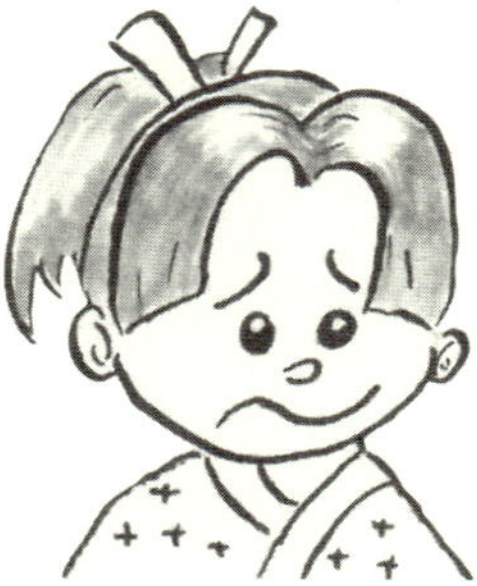

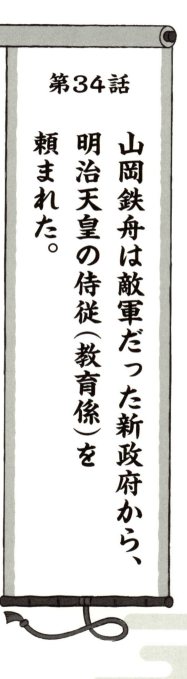

正解は「本当」です。

しかも鉄舟を推薦したのは、幕末に敵軍として向かい合った、あの西郷隆盛だったのです。

1868年9月8日、元号が「明治」と改められました。西郷隆盛ら明治政府の指導者たちは「廃藩置県」「四民平等」などの大改革を次々と打ち出していきます。

中でも西郷が重視したのが、若き「明治天皇」を強いリーダーとして育成することでした。それまで宮中で公家や女官に囲まれて育ってきた明治天皇に、政治の表舞台に立ってもらおうと奮闘します。しかし女官たちは、しきたりに反することに猛反対するのです。西郷は、制度や伝統に縛られない人間が宮中に入る必要性を痛感していました。この時、あの男の顔が思い浮かびます。

《西郷の脳裏に浮かんだあの男とは、いったい誰なのでしょうか?》

かつての敵、山岡鉄舟でした。西郷は剣の修行に明け暮れている鉄舟の元を訪ねます。そして「若き天皇の教育係として宮中に入って欲しい」と鉄舟に頭を下げます。どんな相手にもこびへつらわず、正しいと思うことを一途に実行できる、鉄舟の人間性に西郷はかけたのです。あの時駿府で敵として出会った二人が、今では魂と魂が共鳴する親友になっていました。

1872年(明治5年)6月、20歳になった明治天皇の侍従に任命されて鉄舟が宮中に入ります。西郷の期待に応えた鉄舟の遠慮のない教育が、数々の逸話となって残っています。二つのエピソードを紹介しましょう。

一つ目。酒好きで力も強かった明治天皇は、酔うと力任せに遠慮なく相撲を取るので周囲の者たちは生傷が絶えず困り果てていました。明治天皇は鉄舟にも跳びかかります。ところがこれをかわした鉄舟は、逆に天皇を押さえつけて、それまでの乱暴な振る舞いについて説教を始めたのです。すべて言い終わるや、さっさと自宅に帰ってしまいます。天皇に対する前代未聞の大胆な行為に周囲は大騒ぎしました。

《明治天皇はこの後、鉄舟を処分したのでしょうか？》

正反対でした。天皇は「酒も相撲もやめるから戻ってきてくれ」と潔く反省して、鉄舟を呼び戻したのです。

二つ目。鉄舟が身を以て勇気の大事さを示したことがありました。1878年（明治11年）、天皇を守るべき近衛兵たちが武装蜂起するという事件が起こります。これを知るや鉄舟は誰よりも早く天皇の寝室に駆けつけ、一時も離れず身体を張って護衛しました。幸い天皇に危害が及ぶことはなかったのですが、この事件以降、明治天皇は鉄舟が携えていたサーベル（西欧の刀）を、守り刀として寝室に置いていました。

鉄舟は侍従役を10年間の約束で引き受けました。天皇からは任期を越えてもっと長く務めるように懇願されます。ところが鉄舟は、「10年のお約束ですから」と潔く役目を降りてしまいます。

時々、西郷が酒瓶を持って鉄舟を訪ねることもあったようです。心が共鳴し合った親友との酒盛りです。日本の行く末や夢を本音で語り合う、楽しいひとときだったことでしょう。

その後、明治政府の舵取りをめぐって、西郷の周囲に暗雲が垂れ込めます。隣国の朝鮮との外交問題で、派閥争いが巻き起こったのです。1873年（明治6年）11月、政府内の権力抗争に絶望した西郷は、ふるさと鹿児島に帰ってしまいます。この事態を憂慮した明治天皇は、西郷を説き伏せて連れ戻せるのは、鉄舟以外にいないと考えます。翌年4月、鉄舟が鹿児島に向かいます。この時、二人が何を語り合ったのか記録には残っていませんが、もはや西郷が政府には戻らない覚悟であることを、鉄舟は言外から見抜きました。

その3年後に「西南戦争」が勃発し、戦いに敗れた西郷は壮絶な最期を遂げます。鹿児島での語らいが親友との今生の別れとなったのでした。

しばらくして、鉄舟の家に明治政府の大物・井上馨《かおる》がやってきます。幕末における鉄舟の功績を称えて勲章を授与したいとの用件でした。しかし鉄舟は、「そんな物はいらない！」と突き返します。

西南戦争で天皇に反旗を翻した反逆者の烙印を押されてしまった西郷を差し置いて、自分だけが勲章をもらうことはできない、と鉄舟は考えていたのかもしれません。

照らす鏡
山岡鉄舟が井上馨に対して語った言葉

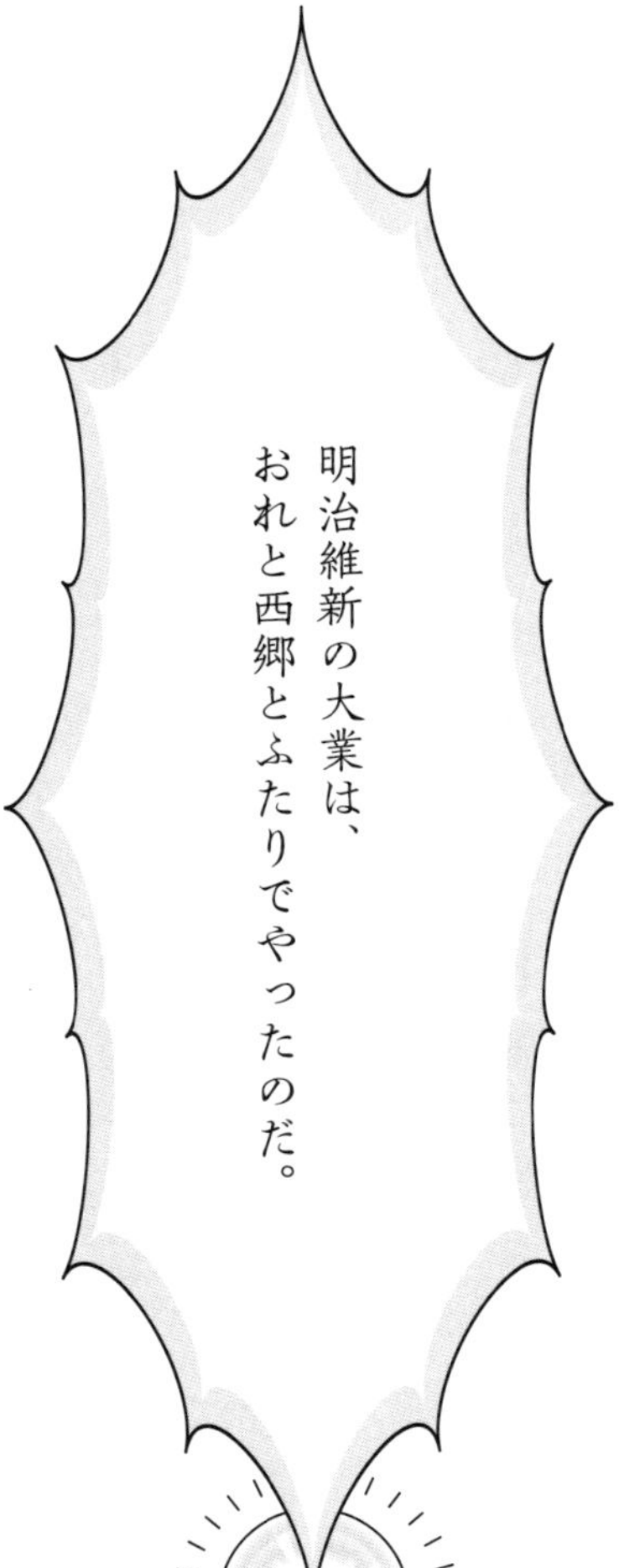
明治維新の大業は、
おれと西郷とふたりでやったのだ。

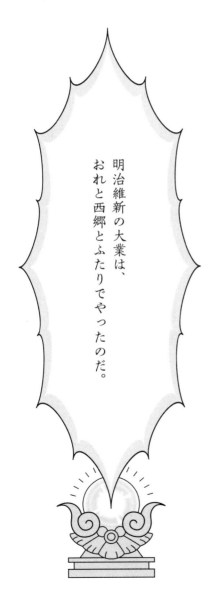

第35話

渡世人だった清水次郎長が、明治時代になると地元の警察署長に任命された。

「本当」でしょうか？

「うそ」でしょうか？

正解は「本当」です。

信じられないような人生の大転換でしたが、時代の要請も重なって「街道・清水港警固役」に任命されたのです。

「清水の次郎長」の名前は、誰もが一度は聞いたことがあるでしょう。

年配の方は、講談や映画でご覧になったかもしれません。清水のみなと祭りには「次郎長道中」や「次郎長おどり」がありますし、巴川の河口近くには「次郎長通り商店街」、大きなどら焼きの「次郎長笠」などもあります。

次郎長は江戸時代の終わり頃、清水区美濃輪町《みのわちょう》の船頭の家に生まれました。まもなく米屋を営む次郎八の養子に入ります。次郎八の息子で名前が長五郎なので、「次郎長」と呼ばれるようになりました。小さい時は暴れん坊で、寺子屋を破門になるほどの腕白小僧でした。困った次郎八は何軒かの親戚に預けますが、先方からすぐに断られてしまうのです。

ようやく家業の米屋を引き継ぎ始めた20歳の時、旅の僧に「25歳までの命だ」と伝えられた次郎長は、真面目に働かず博打（賭け事）にのめり込んでいきます。23歳で人を殺《あや》めてしまったため米屋を続けられず、旅から旅へと渡り歩く「渡世人《とせいにん》」の道に入りました。強きをくじき弱きを助ける男気《おとこぎ》もあった次郎長は次第に名を上げて子分が増えていきます。大きな喧嘩や決闘を乗り越えて「清水に次郎長あり」との評判が広がり、海道一の大親分と呼ばれるまでになります。

49歳の時に大きな出会いがありました。徳川慶喜の本意を伝える交渉役であった山岡鉄舟を、駿府まで無事に送り届ける大役を担ったのです。

時代は江戸から明治へと大転換する1868年。これまでの立場や役目、考え方が揺れ動く激動の時代の真っ最中でした。次郎長の元に驚愕《きょうがく》の知らせが届きます。「街道・清水港警固役」（現在の警察署長）に任命したいというのです。これまでの罪が許された上に、警固役の大抜擢に戸惑ってしまい何度か断ります。でも繰り返し説得されるうち、心に期することもあったのでしょう、警察署長を引き受ける決心を固めます。

この年の9月、清水湊《みなと》で大事件が起こります。

幕府は江戸城明け渡しと旧幕府の艦隊を全て引き渡す約束をしたのですが、一部の幕臣がこれを拒んで江戸から箱館に向かおうとします。ところが嵐に見舞われ、動力を持たない帆船の「咸臨丸《かんりんまる》」は下田港に漂着。修繕が必要になり傷ついた船体を清水湊で休めていたのです。そこへ新政府軍が軍艦3隻で乗り込んで、咸臨丸が白旗を揚げていたにもかかわらず一方的に襲撃して乗務員全員を殺し、遺体をすべて湊に投げ捨てたまま帰ってしまいます。海面に浮いた遺体は数日経つと異臭を放ち始め、町民は困り果てていました。なぜ片付けることができなかったのか。新政府軍から「賊軍に加担した者は厳罰に処す」との厳命で、遺体を触ったら逆賊の烙印を押されて捕縛されてしまうからです。誰もが恐れて手出しができません。

《警察署長でもあった次郎長は、どうしたのでしょうか？》

義侠心に熱い次郎長は、もう我慢ができません。夜陰に紛れて子分たちと浮いている遺体をすべて引き上げて、丁重に自分の土地に埋葬してしまうのです。この行動は当然、奉行所の知るところとなります。次郎長は駿府紺屋町奉行所に呼ばれ「お上に断りもなく賊軍を弔うことは許されん！」と罪状を伝えられます。
しかし次郎長は、ひるむことなく啖呵《たんか》を切ったのです。

その後次郎長はどうなったのか。その場にいた駿府藩幹事役であった、あの山岡鉄舟の計らいもあって、捕らえられることはありませんでした。次郎長の心意気に感動した鉄舟は、咸臨丸の犠牲者を弔う墓を建てる際に、自ら「壮士墓」と揮毫《きごう》して贈りました。現在でも壮士の墓は清水区の巴川沿いにあり、地元の人たちが9月18日に供養祭を行っています。

その後、殉職者全員の記念碑が興津清見寺に建立されました。幕府海軍の榎本武揚《えのもとたけあき》が揮毫した碑が、山門をくぐった右手に佇んでいます。

照らす鏡
清水次郎長が奉行所で啖呵を切った言葉

死んでしまえば仏様だ。
仏に官軍も賊軍もあるものか。

第36話

清水次郎長は、16歳も年下の山岡鉄舟を「先生」と呼んで尊敬していた。

「本当」でしょうか？

「うそ」でしょうか？

正解は「本当」です。

「長幼序《ちょうようじょ》あり」と年長者が重んじられた時代であっても、尊敬する師匠は次郎長にとって年齢ではなく、その人格だったようです。

次郎長と山岡鉄舟の二人は、どこでどのようにつながり、関係を深めていったのでしょうか。「江戸無血開城」の密談の場に鉄舟を無事に送り届けた時が、最初の出合いでしょう。命がけで国を救おうとする鉄舟の気迫と、誠意を込めて手抜かりなく送り届けて責任を果たそうとする次郎長の真心が響き合い、互いに惹かれ合ったのでしょう。同じ1868年（明治元年）、次郎長は県の判事から「街道・清水港警固役」に任命されます。異例の抜擢は幹事役の鉄舟の推薦があったからかもしれません。そして咸臨丸事件で、禁止されていた幕府軍の遺体を引き上げた行動と奉行所での「死んでしまえば…」の主張に、鉄舟は次郎長の人間性に一目置くと共に、同じ幕府軍出身者として丁重に葬ってくれたことに深く感謝したでしょう。埋葬した墓標に山岡鉄舟が「壮士墓」と揮毫したことでも、二人の関係の深まりが感じられます。

鉄舟は、次郎長の弱い者や困っている者がいると見過ごすことのできない男気・義侠心、人たらしで多くの人を惹き付ける「人柄やリーダーシップ」を頼りにします。

一方次郎長は、自己の欲や都合などではなく主君や国の未来のために、命がけで立ち向かう「胆力とぶれない行動力」にすっかり惚れ込んでしまいます。いつからか鉄舟を「先生、先生」と呼び、立ち居振る舞いやその教えを丸ごと吸収しようとします。鉄舟から頼まれる社会貢献活動にも積極的に取り組んでいきます。

《次郎長が人生を大転換して生き直すことができたのは、どうしてなのでしょうか？》

それは、鉄舟という尊敬する師匠がいたこと。さらに、大きく変化する時代にめぐり合わせたこと。何よりも大きいのは、次郎長が渡世人だった人生を生き直そうと決心する勇気があったからでしょう。

鉄舟から贈られた書「精神満腹」が、次郎長の生家や菩提寺である梅蔭禅寺《ばいいんぜんじ》に残されています。「精神満腹」とは高い志をもって心（精神）を満たし豊かに生きる、という鉄舟の生きざまそのもの。次郎長は師匠の後ろ姿を追い続けていたのでしょう。

多くの社会貢献活動の一つが、富士山麓の広大な荒れ地の開墾です。大変な難事業で76haを畑にするのに10年間もかかったほどでした。場所は現在の富士市大淵《おおぶち》。この地は感謝した住民たちの要望から「次郎長町」と命名され、開墾記念碑が建てられています。

もちろん清水港の発展にも大きな力を発揮します。次郎長には時代の行先を見通す力がありました。「明治は世界を相手にする時代になる。ならば英語を使える人材こそ必要になる」と考え、講師を手配して「英語塾」を始めています。

鉄舟たちは次郎長に安定した仕事についてもらおうと、船宿「末廣《すえひろ》」の開業を勧めます。次郎長は「開業記念に１００８本の扇を配りたいので、鉄舟先生の手書きの言葉を全ての扇にいただきたい」と無茶な頼みをしますが、鉄舟は病を押して快く引き受け、一本一本を墨で書き上げて間に合わせました。

ところが16歳も年下の師匠が、弟子の次郎長よりも先に亡くなってしまうのです。次郎長の悲しみと戸惑いは大きく、子分全員を引き連れて東京まで出向き、鉄舟の葬儀に参列します。土砂降りの雨の中、身じろぎもせずじっと佇んで男涙を流して見送ったのです。明治天皇がお住まいの御所前にも棺は向かい、深い信頼を寄せた侍従の棺を天皇は邸内からしばし見送られたのです。

生前の鉄舟は、剣の道だけでなく禅の道も極めようとしていた求道者（真理の道を究めようとする人）でした。彼は久能山から村松に移された名刹の「久能寺」が荒れていたことに心を痛め、再興しようと奔走していました。次郎長も鉄舟と共に尽力し、鉄舟の死後に寺が完成します。再興した寺は「久能寺」ではなく「鉄舟寺」と名付けられました。

寺庭奥には鉄舟の座像が富士山に向かって背筋を凛と伸ばして佇んでいます。

鉄舟が帰らぬ人となった5年後、次郎長が亡くなります。3000人もの参列者に見送られた大規模な葬儀でした。清水区南岡町の「梅蔭禅寺」にある墓石は、子分の大政《おおまさ》・小政《こまさ》・増川仙右衛門《ますかわのせんえもん》らと並んでいます。どっかと腰かけた堂々たる銅像も目を引きます。

照らす鏡
鉄舟が次郎長に贈った書

「精神満腹」

《訳》人として事を成すためには、己の精神が大切である。金銭欲、名誉欲などを満たすのではなく高い志をもち、心（精神）を満たして豊かに生きる。

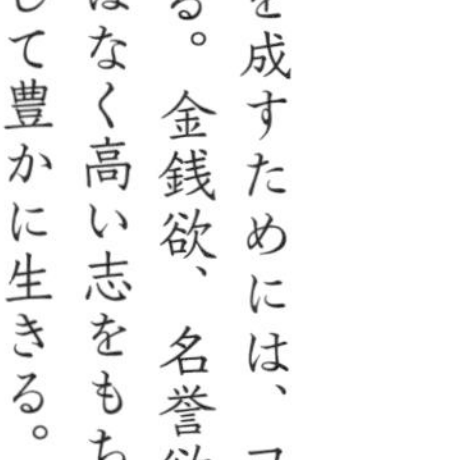

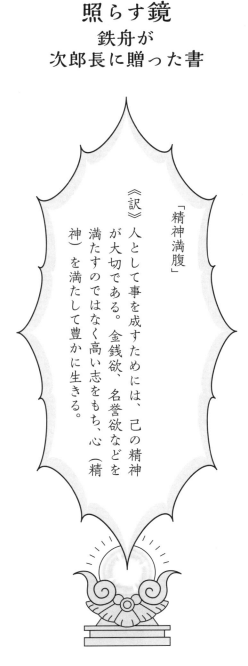

第八章

国づくりは物流にあり

巴川湊《みなと》から海港への大英断

室町(戦国)時代〜明治時代

登場人物

清水次郎長

武田信玄

穴山梅雪

第37話

江戸時代まで、清水港は海ではなく川にあった。

「本当」でしょうか？

「うそ」でしょうか？

正解は「本当」です。

現在の清水港は海にありますが、かつては巴川下流にあったのです。

江戸時代、物流の中心は「和船」であり、物流の集荷や中継する基地を「湊《みなと》」と呼んでいました。清水の湊は大都市の江戸と大坂の真ん中にあるので、多くの物資が行き交う重要な中継地点でした。商売する舟や様々な業務を取り仕切る「廻船問屋《かいせんどんや》」たちが、幕府から営業の独占権を与えられて活発に商売していたのです。廻船問屋のある巴川河口付近は、多くの舟で賑わっていました。現在の地名では上町、本町、清水町、美濃輪町の辺りですから、巴川の西岸（右岸）にあったことになります。

ところが1855年（安政2年）の「安政の大地震」で巴川の川幅が狭くなってしまいました。古地図で測ったところ、4分の1ほどになっています。逆に対岸（海側）が隆起して広い土地ができました。この頃は外国と通商条約が締結され、交易が盛んになって大型船が往来するようになります。巴川は水深が約50㎝と浅く、船底が深い鉄の大型船が入れませんでした。さらに新政府から、独占して物流の商売ができる廻船問屋の特権が廃止されてしまったのです。

清水湊は物流の変化と地形の限界から、行き詰まってしまいました。

《この大ピンチを乗り越える手立てが、果たしてあったのでしょうか？》

次郎長は、清水港が静岡地域や東海道沿線の地域の発展につながる可能性があることを見通していました。県令（県知事）や師匠の山岡鉄舟、榎本武揚らにまで、未来の清水港に対する熱い思いを説いて廻り、大きな決断を下します。

「巴川にあった清水湊を、海に面する清水港へ移そう！」

これは大英断でした。何百年にも亘って当たり前に商売を続けてきた地を捨てて、未開の対岸へ移るのですから…。現在の清水港の発展は、この英断から始まったのでした。

しかしその後の清水港の発展は、決して順風満帆なものではありませんでした。

新しい港と人々の住む町をつなぐ「港橋」が架けられたり、横浜港を経由した製茶の輸出が伸びたりして順調に見えた矢先の１８８９年（明治22年）、一気に逆風が吹いてきます。「東海道線」の開通で、輸送時間が大幅に短縮されたからです。横浜までの船輸送は２日間かかっていたのに、鉄道輸送ではわずか5時間で荷物が到着するのです。鉄道ができたことで、物資の輸送が海運から陸上運送へと切り替わっていき、清水港は急速に活気を失ってしまいます。でも、港の関係者たちは落胆などしません。清水港を外国と貿易できる大きな港に造り変えようと、前向きに発想を変えていったのです。「ピンチの場面こそ、逆に大きく飛躍できるチャンス」と捉えるスピリット（魂）を私たちも見習いたいものです。大型船が着岸できる波止場を造ったり、輸出用の茶再生加工場を清水に造ったりして飛躍の準備を進めていきました。そして１９０６年（明治39年）に念願が叶います。ついに、直接外国への輸出が実現できたのです。茶の輸出港として大きく伸び、3年後には茶輸出日本一の港に発展しました。

清水港は国内の貿易額ランキング第10位（令和5年）、県内唯一の「国際拠点港湾」です。２０１７年（平成29年）には「国際旅客船拠点形成港湾」に指定され、ご承知のように多くの大型クルーズ船が寄港して賑わっています。

富士山を背景とした港の美しさから「日本三大美港」の一つと呼ばれているようです。ちなみに三大美港とは清水港・神戸港・長崎港。いずれも映像が瞼に浮かぶほどの麗しい港ですね。

照らす鏡
次郎長の言葉

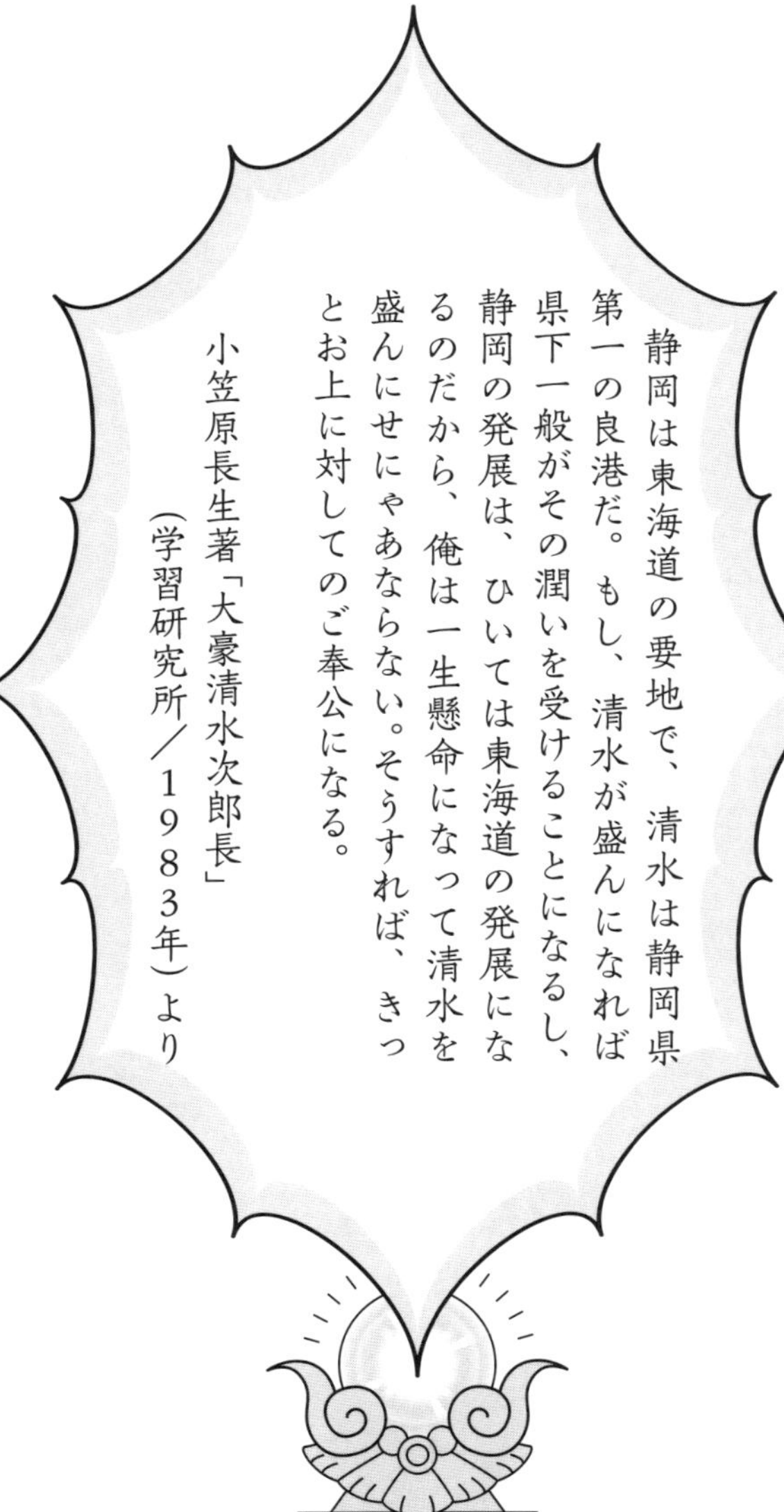
静岡は東海道の要地で、清水は静岡県第一の良港だ。もし、清水が盛んになれば県下一般がその潤いを受けることになるし、静岡の発展は、ひいては東海道の発展になるのだから、俺は一生懸命になって清水を盛んにせにゃあならない。そうすれば、きっとお上に対してのご奉公になる。
小笠原長生著「大豪清水次郎長」
（学習研究所／１９８３年）より

第38話

海がある駿府の地を治めた武田信玄は、巴川に新しい城を造った。

「本当」でしょうか？

「うそ」でしょうか？

正解は「本当」です。

新しい城に求める第一の使命が戦の砦《とりで》ではなく、経済が繁栄することでの領国発展にあったからです。

「武田信玄」は、騎馬軍団を自在に操って戦国最強と語り継がれる戦国大名です。

今川義元と太原雪斎の努力で『三国同盟』が結ばれると、しばらくは甲州（山梨県）・相州（神奈川県）と平和な関係が続くのですが、二人が亡くなると脆《もろ》くも崩れ去ります。1568年（永禄11年）、武田信玄率いる1万2千の軍勢が甲斐の国から、駿河に攻め降りてきました。駿河国主の今川氏真《うじざね》（義元の子）が防戦しますが、味方の裏切りもあって大した戦いをすることなく駿府城に逃げ帰ります。今川軍はさらに武田軍の総攻撃を受けて、城主・今川氏真は掛川城へ逃げていきます。武田はなぜこれ程強いのか。古典の書物から学んだ武田信玄の教えにその一端が表れています。戦わずして勝利を収める調略と、油断や驕りへの厳しい戒めです。

「戦いは五分の勝利をもって上となし　七分を中となし　十分をもって下となす。五分の勝利は励みを生じ　七分の勝利は怠《おこた》りを生じ　十分の勝利は驕《おご》りを生ず」

こうして駿河の地は武田信玄のものとなります。武田が治めていた甲斐や信濃の地は四方をすべて山に囲まれていましたが、駿河は海のある国です。海があると発展の可能性が広がります。大量の物資を水運で輸送できたり、海の軍隊である水軍が編成できたり、豊かな海産物が獲れたり、塩を安定して手に入れたりできるからです。当時は生活に欠かせない塩を海水から作っていました。「敵に塩を送る」の故事成語をご存じでしょうか？　これは周囲の国から経済封鎖されて困っている武田信玄に、敵対関係にあった越後の上杉謙信が「戦とは別の事情だ」と塩を送って、窮地を救ったとの史実から生まれたようです。

《武田信玄の駿河での領国経営は、どのようなものだったのでしょうか？》

駿河の統治を始めると、信玄の打つ手は迅速でしかも的確でした。甲州街道の要衝で興津川沿いにあった興津氏の治めていた「横山城」を大改築し、久能山の山頂にあった歴史ある久能寺を北矢部に移して「久能城」を建てます。現在の久能山東照宮がある場所です。さらに北条水軍に備えて巴川河口に「袋城」を造り、武田水軍の根拠地としました。

《駿河を治める本拠地となる城は、どこに造ったのでしょうか？》

今川館の跡地で駿府城の辺りが無難な選択だと思うのですが、全く違います。意外にも、清水平野の真ん中を蛇行しながら流れている巴川沿いに「江尻城」を造ったのです。

《なぜ、駿河支配の拠点となる城を川の隣に造ったのでしょうか？》

川の流れが広い堀となって守りやすいから、町の中心に川があったからなどの理由がありますが、最も大きな決め手は「水運（水上運送）の要になる場所」だったからです。当時は物流の中心が船で、海や川を経由して多くの物資が日本中を行き来していました。城の真横に「川の街道」が流れていれば大変好都合です。信玄は「物流の中心地」に城を建てたのです。

江戸時代末の「安政の大地震」で土地が隆起して川幅が狭くなる前までは、巴川を遡《さかのぼ》って駿府城まで行けたようです。戦いに明け暮れていた戦国武将は、領地を獲得して広げるだけでなく、国を治める政治家でもありました。領民の生活を安定させるための領国経営を目指していたのです。

武田信玄は重臣中の重臣で、親戚関係にもあった穴山梅雪《あなやまばいせつ》に江尻城を治めさせます。江尻城の施設で特筆すべきは、「観国楼《かんこくろう》」と命名された鐘楼でした。百尺もあったと言われ、武田家の権力を象徴するシンボルタワーだったのかもしれません。

江尻城では川の流れで城を守り、水でつながる物流網を整備する。水が悪さをする（氾濫する）時は「信玄堤」等を造って領民を守る。水を管理する考え方は、武田の家臣団を召し抱えた徳川家康が、江戸の町づくりに活かしていきます。至る所に葦が生い茂った広大な湿地帯に運河などを通して水を治めたことで、家康は世界に冠たる江戸の町を造り上げていったのです。

照らす鏡
武田信玄の領国経営の信念

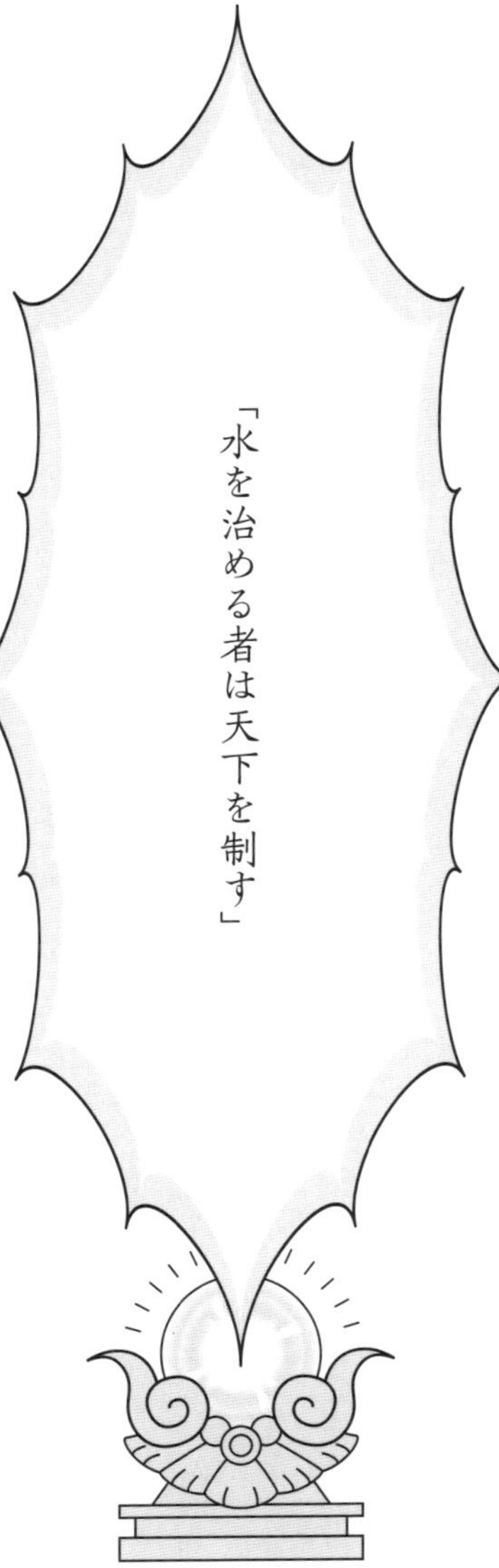

第九章

日本の文芸を貫く七五調

万葉集から連歌、そして正岡子規へ

飛鳥時代〜昭和時代

登場人物

大伴家持

宗長

明智光秀

明智光慶

大岡信

阿久悠

正岡子規

第39話

我が国最古の歌集『万葉集』の作者は、天皇・貴族ら大詩人だけであった。

「本当」でしょうか？

「うそ」でしょうか？

正解は「うそ」です。

7世紀の飛鳥時代に編纂《へんさん》された『万葉集』には、市井《しせい》に暮らす庶民の和歌も多数あります。古代人たちの息づかいまでも伝える一大傑作集なのです。

『万葉集』に掲載された「防人《さきもり》の歌」の石碑が静岡市清水区に残されています。

「防人」とは、7世紀に「新羅《しらぎ》」や「唐」の来襲を監視するために配備された部隊です。警備する場所は対馬・壱岐・北九州の沿岸で、21歳から60歳までの税を負担する健康な男性が招集されました。東国（東の地域）の10カ国から派遣され、もちろん静岡も含まれていました。任期は3年間。彼らが残した和歌が「防人の歌」です。石碑に残されている駿河国出身者の防人の歌を紹介しましょう。

1. 小島地区の立花町にある石碑より

「たちばなの　みおりの里に　父をおきて　道の長手《ながて》は　行きかてぬかも」（丈部足麻呂《はせべのたりまろ》）

《訳》立花のみおりの里に父を残したまま来てしまったので、西国までの長い道中は心配でとても行けそうにない。

〔一言〕たった一人の父を我が家に残して来ざるを得なかったのでしょうか。

2. 清水第三中学校　正門横にある石碑より

「父母が　頭《かしら》かきなで　幸《さ》くあれて　いひし言葉《けとば》ぜ　忘れかねつる」（丈部稲麻呂《はせべのいなまろ》）

《訳》父さんと母さんが俺の頭をなで回し、「達者でな」と言った言葉が忘れられない。

〔一言〕言葉を「けとば」と読むところに、当時の駿河国「方言」を知ることができます。

3．日本平山頂駐車場にある石碑より

「水鳥の　発ち急ぎに　父母に　物言わず来《け》にて　今ぞ悔しき」（有度部牛麻呂《うどべのうしまろ》）

《訳》水鳥が飛び立つように大急ぎで父や母に物言う暇もなく出発した。今になって後悔でいっぱいだ。

〔一言〕両親に挨拶する時間がないほど急いで出立したとは、尋常ではありません。

《なぜ、これほど急いで出立しなければならなかったのでしょうか？》

時間をおくと、逃げ出したり仮病でごまかしたりする人が多かったからなのです。あえて役人は事前に知らせず、直前になって防人への招集を伝えたのでしょう。

役人に連れられて北九州まで何カ月も掛けて徒歩で向かいましたが、旅費や食費は自前だったのです。

《遠方からわざわざ派遣するよりも、九州近辺で徴集すれば良いとは思いませんか？》

遠くに住む人を集める理由は、逃亡させにくくするためでした。東国人ならば土地勘がなくて道がよく分かりません。もし脱走して道を尋ねたりすると、方言から東国の人だとばれてしまいます。防人を着実に確保するために、遠い地方からあえて徴集していたのでした。

《国中の人の歌をどのように収集・編纂《へんさん》できたのか、不思議に感じませんか？》

その理由は、万葉集の編者の「大伴家持《おおとものやかもち》」にあります。彼が防人が集結する難波津《なにわづ》（大阪）で任務に就いていたからです。人並み外れて収集好きだった彼は、難波津に来る兵士や家族の歌を積極的に集めました。こうして、歴史の世界から埋もれてしまいがちな庶民の和歌が残されることになったのです。一般人の生活の中にまで和歌が浸透していたことで、古代人の価値観や家族観まで窺《うかが》い知ることができるのです。

独自の文字を持たなかった日本民族が、試行錯誤しながら漢文や万葉仮名を混ぜ合わせた漢字という文字を木簡《もっかん》に残してくれたことで、古代人の詩的表現の一大傑作集『万葉集』が残されたのです。その中でも防人の歌は、文化史的にも庶民の息遣いを知ることができる奇跡の存在としてきらめいています。

照らす鏡
「漢字かな交じり文」とは

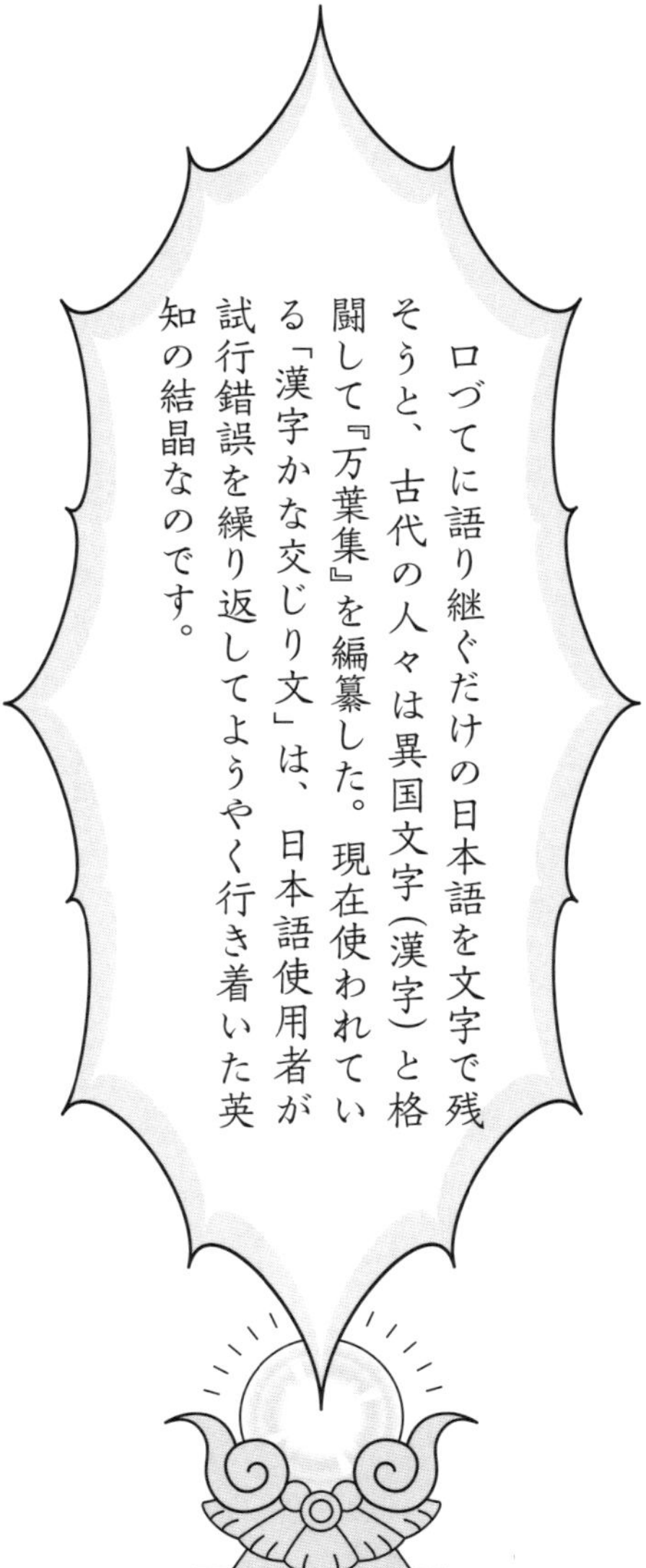

口づてに語り継ぐだけの日本語を文字で残そうと、古代の人々は異国文字（漢字）と格闘して『万葉集』を編纂した。現在使われている「漢字かな交じり文」は、日本語使用者が試行錯誤を繰り返してようやく行き着いた英知の結晶なのです。

第40話

室町・戦国時代には、1人で完結する和歌でなく皆で創作する連歌《れんが》が盛んになった。

「本当」でしょうか？

「うそ」でしょうか？

正解は「本当」です。

古代から継承されてきた個の文学「和歌」が、中世になると座でつないでいく文学「連歌」へ発展していきました。

万葉の時代になると中国から伝わった漢詩ではなく、日本独自の歌のリズム（七五調）で詠む「倭歌《やまとうた》」が作られるようになります。2人で詠み合う唱和形式の歌謡もありましたが、1人で歌を詠む形式が主になっていきます。その中で、五七五七七で詠まれたものを「和歌」と呼ぶようになりました。そして無名の庶民、大詩人、貴族、天皇らが作者になった日本最古の歌集『万葉集』ができ上がります。さらに飛鳥時代から鎌倉時代まで600年間の和歌を厳選したのがご存知「小倉百人一首」です。おかげで私たちは和歌を身近に感じられるようになりました。

日本語の七五調のリズムは、私達の日常文化に身近な存在です。「短歌」「俳句」「川柳」は七五調で一貫していますし、「交通標語」でさえ、なぜか七五調がしっくりくると思いませんか?

「飛び出すな　車は急に　止まれない」

《隆盛を極めた「和歌」が中世になって、どのように進化していったのでしょうか?》

武士の世の中になると「連歌」が盛んになってきます。「連歌」とは、1人目が詠んだ発句（最初の句）を受けて、それに連想した付け句を別の誰かが詠むものです。最初の人が五七五、次の人が七七、3番目の人が五七五、4番目の人が七七と何巡もつなげていくのです。数人（5人～10人位）の仲間が車座になって句をつないで行くさまはまさに「座の文学」。集うことでこそ成り立つ文学です。でき上がったばかりの前句を素早く理解してつながりを重視した句を迅速に創作する。気軽な遊びの場というより、衆目を集める緊張感が漂う座で、意地とプライドがしのぎを削り合う真剣な創作の場だったと想像できます。

　戦国の武将たちは、出陣前に戦の勝利を祈願して「連歌の会」を催しました。当時は100句をつなげていく「百韻連歌《ひゃくいんれんが》」が一般的でした。戦国武将にとっては、茶の湯や和歌とともに、連歌も欠かせない教養の一つだったのです。

「連歌の会」を取り仕切るのが連歌師。「宗祇《そうぎ》」「紹巴《じょうは》」「宗長《そうちょう》」らが、連歌の全盛期を築いた実力者たちです。宗長は島田の出身でしたので「今川氏親《うじちか》（今川義元の父親）」に請われて、駿河を拠点に活躍しました。興津の横山城館で催された連歌の会では「春の雲　横山しるし　なみの上」の発句が残されています。

　宗長は今川氏お抱えの連歌師として活躍しただけでなく、京の都からきた文化人たちの接待役も担いました。文化人の役割に止まらず、政治面でも関与していたのです。京都の公家や朝廷、他の有力大名や豪族との連絡役や交渉役までこなす今川家の外交官として、連歌師は政治と文化の両面で欠かすことのできない重要人物だったのです。宗長は、宇津ノ谷の麓（丸子《まりこ》の泉谷《いずみだに》）に「柴屋軒《さいおくけん》」という庵を結びます。現在の「吐月峰《とげっぽう》柴屋寺」です。穏やかな時間を過ごせる佇まいで、月夜の晩に訪れるとさらに風情を感じられることでしょう。

　室町時代になると連歌の流行に拍車がかかり、狂言「箕被《みかずき》」にまで庶民の連歌が登場するようになります。「世に連歌ほど面白い物はござらぬ。発句を致せば面白し、脇を致せば面白し、頭《かしら》（世話人）を営めば面白し、またひとしおのお楽しみでござる」と語られているのです。

世に聞こえた有名な連歌は、何と言っても１５８２年（天正10年）の「愛宕百韻《あたごひゃくいん》」でしょう。天正10年といえば、主君「織田信長」を臣下の「明智光秀」が奇襲・殺害した「本能寺の変」の年。奇襲する直前に催された連歌の会で明智光秀が創作した発句が、とても意味深長なのです。また１００句目の締めを、光秀の息子（光慶《みつよし》）が担っていたことは意外と知られていません。

照らす鏡
「本能寺の変」直前の連歌の会にて

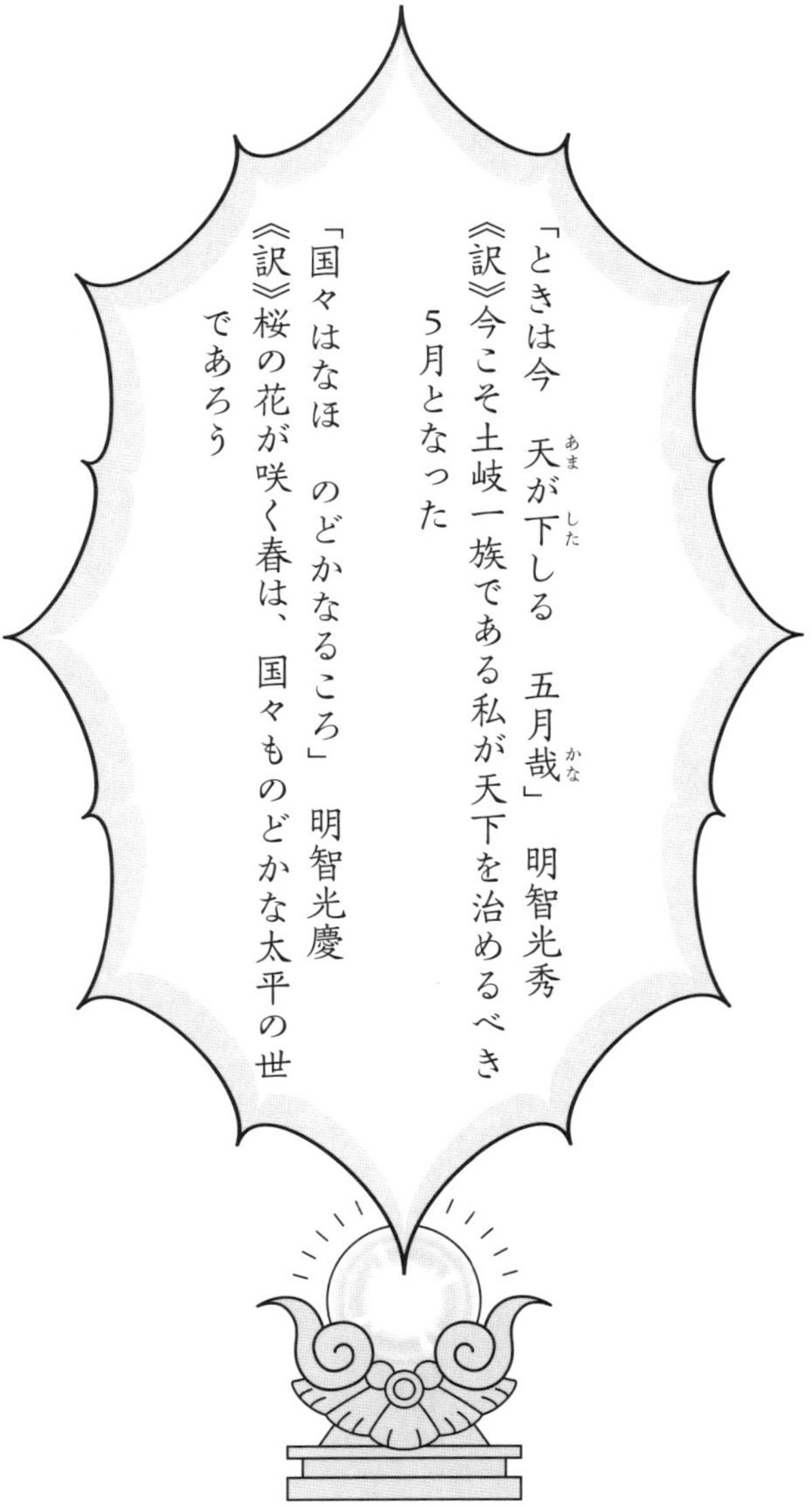

「ときは今　天《あま》が下《した》しる　五月哉《かな》」　明智光秀
《訳》今こそ土岐一族である私が天下を治めるべき5月となった
「国々はなほ　のどかなるころ」　明智光慶
《訳》桜の花が咲く春は、国々ものどかな太平の世であろう

第41話

「連歌」からつながる座の文学は、現在でも脈々と受け継がれている。

「本当」でしょうか？

「うそ」でしょうか？

正解は「本当」です。

「和」を尊重する日本人の感性に合うからでしょうか。様式や方法を変えて現在まで継承されています。「座の文学」である連歌は、世界でも類例を見ない特異な文芸といわれます。

《日本らしい特異な文芸とは、どんな特長があるのでしょうか？》

世の多くの文芸作品は、個人が責任をもって創作した完成品です。数人が座を囲んでしのぎを削る中で、互いの連帯が生まれてくる連歌は、文芸であるのに、野球やサッカーなどのチームスポーツに近い魅力があります。「和」を重んじる日本人の感性や習慣にピタリとはまったからでしょうか、あるいは自分一人では考えも付かない発想が生まれて、思わぬ方向に変化する楽しさを味わえたからでしょうか？　現代まで脈々と受け継がれているのです。

座の文学を昭和の時代に広めたのが、三島市出身の詩人の故「大岡信《まこと》」氏です。「連詩《れんし》」をご存じでしょうか。大岡氏も短い言葉には人と人とを結び付ける力があると信じて、連歌や連句の伝統を受け継ぎ、詩を共同で創り上げる「連詩」を率先して実践してこられました。大岡氏の志は後進が引き継ぎ、例年11月に催される「連詩の会」で一つの壮大な詩を創り上げています。連詩の約束も連歌と同じく、集まったメンバーが決められた順番で繰り返し詠むことです。連詩の場合は、五行詩と三行詩を交互に並べて一つの作品を創り上げます。大岡氏は「独りよがりで和を配慮しない詩を詠むと全体が活気を失って失敗してしまう」と座の心構えを説いています。

２００１年（平成13年）、「東海道４００年祭」で静岡県全域が盛り上がったことを覚えていますか？　実は私も、県の呼びかけに友人たちと応募しました。企画名は「連歌を詠みながら名所をウォーキングしよう」。地元の興津の地を歩きながら歴史にゆかりのある連歌を創作してもらおうと考案したまでは良かったのですが、大きな壁に突き当たりました。

《成功させるために悩んでいたことは何だったと思いますか？》

知名度のない連歌に注目してもらうための「魅力ある発句」が用意できていないことでした。この時、魅力的な発句の創作を、全国で活躍される著名な歌人・俳人・作詞家・シンガーソングライターにお願いしたらどうか、とひらめいたのです。ずうずうしくも十数名の方々に手書きでお願いの手紙を送りました。どこの馬の骨とも分からない人間から無茶な依頼が届いたのですから、断ったり無視したりして当然です。ところが数カ月後、お一人から承諾の返事が舞い込んできたではありませんか！

「阿久悠《あくゆう》」氏です。１９７０年代のスーパーヒット曲の作詞やプロデュースに関わり、ピンクレディー、都はるみ、尾崎紀世彦、沢田研二、岩崎宏美の歌謡曲や「宇宙戦艦ヤマト」などのアニメソングを次から次へと世に送り出した大作詞家です。

連歌の伝統を現代に蘇らせようという私たちの熱意に、損得や利害抜きの広い心で協力してくださったのです。おかげで2回行った連歌イベントの参加者は５００人を超えて、大成功。イベント終了後、お礼とご報告を兼ねて伊東市にあった阿久悠氏のご自宅を訪ねたら喜んでいただけました。

阿久氏からいただいた直筆のお手紙を、原文のまま初披露いたしましょう。

連歌のこころみ、面白いと感じました。その気分のみで（発句の依頼）引き受けました。
面白い、珍しい、新しい、何より貴重なこころです。

「言霊《ことだま》」——古来より日本人は、言葉には優れた不思議な力が宿ると考え、短い言葉もおろそかにせず魂を込めて育んできたのです。

照らす鏡
阿久悠氏創作の連歌の発句

・富士に掛け　駿河の海に　足ひたし
・ジーンズの　北斎もいる　富士の下
・背のびして　人それぞれの　夢眼鏡
・われが立つ　一平方も　地球なり
・想うなら　目を見て語れ　恋人よ
・ビートルズ　知る父親が　ギター弾き

第42話

東京に住んでいた正岡子規は、病気を治すため興津に住むことをずっと願っていた。

「本当」でしょうか？

「うそ」でしょうか？

正解は「本当」です。

不治の病にかかり、晩年は興津に住んで療養することをずっと願っていました。

「正岡子規」は、近代文学に多くの影響を及ぼした人物です。言葉を調べ尽くす事に夢中で、バッターを打者、ランナーを走者、フライボールを飛球などと訳したことでも知られています。

第40・41話で、座に集った人々が順に句をつないでいく「連歌」を取り上げました。それが江戸時代になると、連歌の発句（五七五）だけが独立した「俳諧」が盛んになり、優れた俳人たちから名句が誕生します。松尾芭蕉「古池や　蛙飛びこむ　水の音」、小林一茶「雀の子　そこのけそこのけ　お馬が通る」、与謝蕪村「菜の花や　月は東に　日は西に」などです。皆が集う連歌から、個人の創作へと移っていったのです。

明治時代に起こった「文学の一大革命」の中心人物が「正岡子規」。彼は室町時代から江戸時代までの俳諧12万句を調べ尽くした上で、「多くは卑属で陳腐である」（どれも似たり寄ったりで面白みがない）と酷評します。使い古された単語を並べてパターン化するのではなく、現実社会を「写生」することで日常の自分を表現することを提唱して「俳句」と名付けました。写生の効果は、作者の想いを映像として読者も共有できることでしょう。彼の代表的な俳句「柿くへば　鐘が鳴るなり　法隆寺」は、まさしく写生です。

子規は不治の病である「脊椎《せきつい》カリエス」にかかってしまいます。背骨がもろくなってしびれや麻痺などの障害が起こり、日常生活するのも難儀する病状なのです。

《子規は創作をあきらめてしまったのでしょうか？》

とんでもありません。不屈の闘志で俳句・短歌・日記の執筆を精力的に続けていきました。晩年の作品は、病気と闘いながらも目指す文学を極めようとする鬼気迫る迫力と、先導者としての覚悟さえ感じます。随筆「病牀六尺《びょうしょうろくしゃく》」（岩波文庫／１９８４年）から引用しましょう。※六尺…約１・８ｍ

> 病床六尺、これが我世界である。しかもこの六尺の病床が余には広過ぎるのである。僅かに手を延ばして畳に触れる事はあるが、蒲団の外へまで足を延ばして体をくつろぐ事も出来ない。甚だしい時は極端の苦痛に苦しめられて五分《ごぶ》も一寸も体の動けない事がある。

さらに絶命の12時間前、画板に張られた紙に仰臥《ぎょうが》したまま書いた絶筆3句が残されています。

「糸瓜《へちま》咲いて　痰《たん》のつまりし　仏かな」　※糸瓜の水…咳を抑える薬　※仏…死にゆく自分

「痰一斗　糸瓜の水も　間にあはず」　※一斗…18ℓのかさ、多いこと

「をとといの　へちまの水も　取らざりき」

死を達観して、澄み切った心で場面を切り取っているかのようです。子規は死の間際まで、目指す「写生俳句」を実践していました。１９０２年（明治35年）９月19日、台東区根岸で永眠。34歳の若さでした。

ここまできても、「正岡子規」と清水区興津とのつながりが、全く見えてきませんね。

《子規はどこで興津とゆかりがあったのでしょうか？》

亡くなる2年前に時間を戻しましょう。子規の病状は悪くなるばかりなので、門人たちは回復させる手立てがないものか協議していました。気候が温暖で風向明媚な地で「転地療養」したら快方に向かうのではないかと、一気に話が進みます。静岡の興津の地がふさわしいと、松川医院の病室2間（21畳）に転地先が決まり、見取り図まで作成して準備万端整えていました。興津を詠んだ子規の俳句が残っていますが、実際には「重病人を列車で何時間も移動させるのは心配だ」と高浜虚子らが猛反対して、興津への転地療養は実現できませんでした。もし実現していたら、近代文学史上大きな足跡が興津に残されたかもしれません。転居を信じて待っていた興津の人々は、さぞや落胆したことでしょう。

子規の句碑が「興津清見潟公園」（興津交流館から東に２００ｍ）に静かに佇んでいます。

照らす鏡
正岡子規の俳句

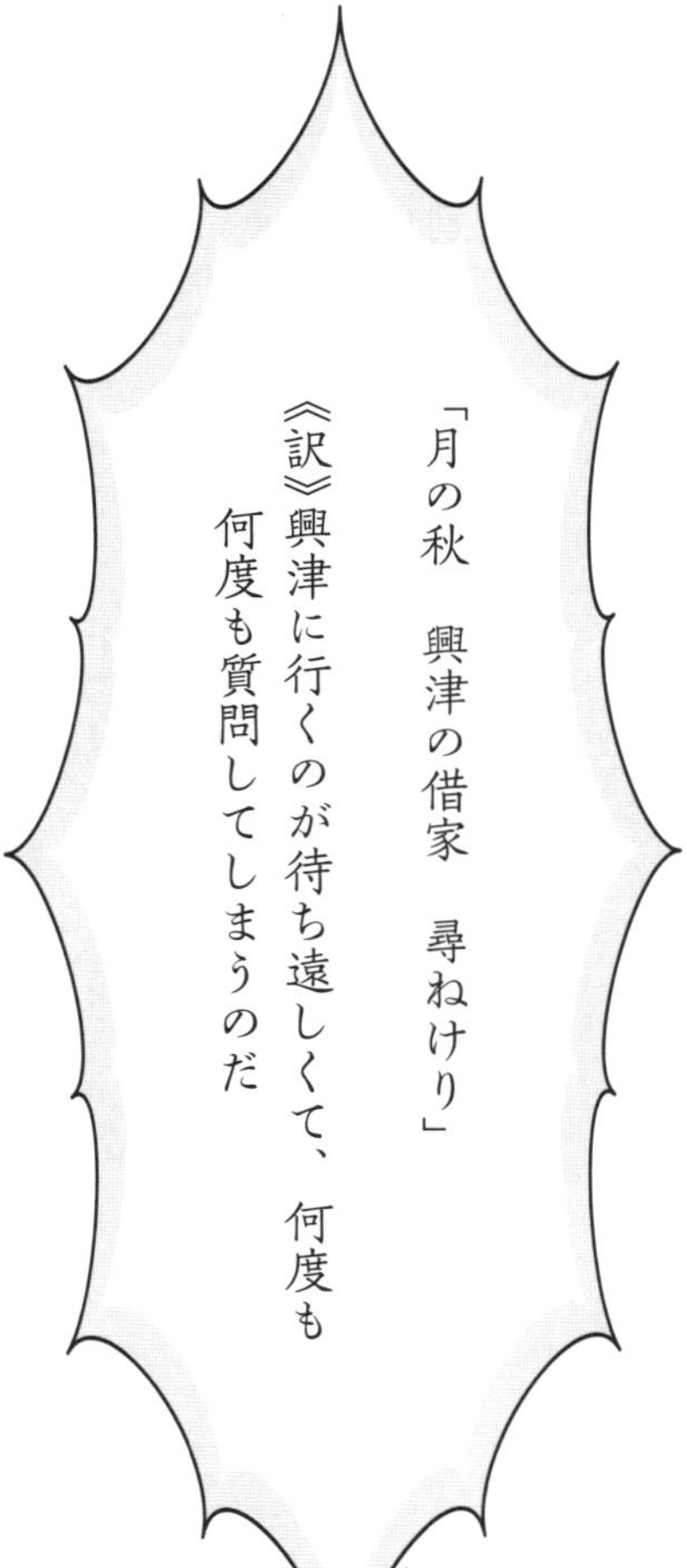
「月の秋　興津の借家　尋ねけり」
《訳》興津に行くのが待ち遠しくて、何度も何度も質問してしまうのだ

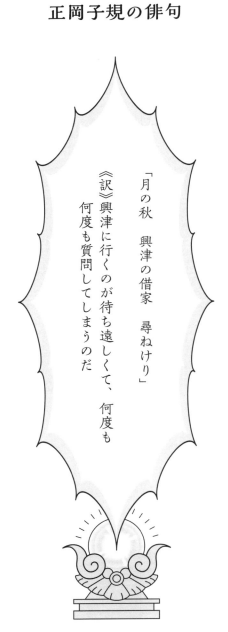

第十章

変わる価値観と揺るぎない矜持《きょうじ》

穴山梅雪と梶原景時の覚悟

鎌倉時代～室町（戦国）時代

登場人物

穴山梅雪

武田勝頼

梶原景時

武田信玄

真田昌幸

第43話

武田家重臣の穴山梅雪が武田勝頼を裏切ったのは、自分の出世のためであった。

「本当」でしょうか？

「うそ」でしょうか？

正解は「うそ」です。

諸説ありますが、先人への敬意から生きざまを探る「小泉史歓」に基づくと、全く見え方が異なります。

「穴山梅雪」は信玄と縁戚関係にあった武田家の重臣でした。駿河国の本拠地の城「江尻城主」を任されていながら、信玄亡き後、落ち目の主君・武田勝頼（信玄の息子）を裏切って徳川方に付いた「不忠者」。これが梅雪に対する一般的な人物評価でしょう。

江尻城主であった穴山梅雪の意外と知られていない実像に、敢えて迫っていきましょう。穴山の家は名門甲斐源氏の流れをくみ、代々続く武田の一族。甲斐の南部に領地があり身延町に館を構える有力な武田の一族だったのです。穴山梅雪の名は信君《のぶきみ》、生母は武田信虎の娘で信玄の姉に当たります。その上、信玄の次女を妻に迎えているので武田信玄と最も近い親族でした。

彼は武田一門衆の中でも深い教養があり、軍略や書物に通じるだけでなく、詩歌を詠じる文化人でもありました。戦では無謀な戦いを好まず、手堅い戦をするため「臆病者」と陰口を叩く者もいたようです。

信玄の家臣団を描いた「武田二十四将図」では、信玄の右隣のナンバー2の場所が梅雪の定位置です。信玄が存命の時は、親族筆頭としても頼れる右腕としても重用されました。

武田信玄は駿河支配の本拠地を清水区の江尻城に構えましたが、城代に信頼の篤い梅雪を指名しました。「江尻城」は三方に水濠を巡らし、西側が巴川に面して丘陵の上にあった四方を眺められる要害堅固な城。梅雪は山県昌景《やまがたまさかげ》からこの地を引き継ぎ、十数年間善政を敷きます。塩づくりを奨励したり、交通路を整備したり、清水湊の整備を進めたりして、領民から名君と呼ばれていました。江尻が城下町であった名残を残す町名（二の丸町・大手町など）が、今でも残っています。

有名な「長篠の合戦」で武田軍は大敗して多くの重臣を失ってしまいます。動揺した大将の勝頼は、それでも敵陣を目がけて突入しようとしました。この時、「此の期に及んで聞き分けのない大将かな。負けを知って戦うより、全軍の兵を退いて再挙を計るのが本当の大将であろう！」と太刀をかざして勝頼に詰め寄ったのが、梅雪でした。この事件から梅雪は、武田家の前途に見切りを付けたのかもしれません。多くの重臣を一度に失った勝頼にとって穴山梅雪は最も頼りとする存在だったのですが、梅雪は恩ある武田家を裏切ってしまいます。

《重大な決断の背景には、どのような真情が秘められていたのでしょうか？》

武田家当主の勝頼は、父は信玄ですが母は信州の諏訪生まれ。一方、梅雪の母親は信玄の姉で妻が信玄の次女、梅雪の方が武田の本流に近いはずだとの自負があったのでしょう。江尻城主として発行した文書には「本姓武田、在姓穴山」と明記されています。「本来の名は武田である」と公にもしているのです。

裏切った理由は、勝頼の息女と梅雪の子（勝千代）との婚約が破棄になったからとも言われますが、最も大きな理由は、「伝統ある武田家の血筋をここで絶やさないためには、武田本流の血筋である穴山家が生き残らなければならない。勝頼では武田家の滅亡は確実だろう」との、苦渋の判断からではないでしょうか。

人の信義（人を信じて決して欺いたりしない）を大切にするのは、この時代も同じだと思います。しかし当時の武士にとって、それ以上に大事なことがありました。それは「我が血統を絶やすことなく、次の世代に家名を確実に残していく」ことでした。

「裏切りは良くない」だけでくくりきれない価値観が存在したことが、歴史を理解する上での難しさであり、人の世の味わい深さでもあると考えますが、いかがでしょうか。


血筋を残すことで苦悶した、もう一つの印象深い事例が「犬伏《いぬぶし》の別れ」です。

天下分け目の関ヶ原合戦の直前。信州を治めていた真田昌幸《まさゆき》は、長男・信幸《のぶゆき》には東軍へ味方し、次男・信繁《のぶしげ》（幸村《ゆきむら》）には西軍へ味方するよう命じます。兄弟が戦場で敵同士として斬り合うこともやむなしとの選択をしました。「どんな手段を取っても真田の血筋を絶やさない」との揺るぎない信念から、真田家の主《あるじ》として断腸の思いで決断を下したのです。

照らす鏡
真田昌幸の言葉
親子の別れの場面

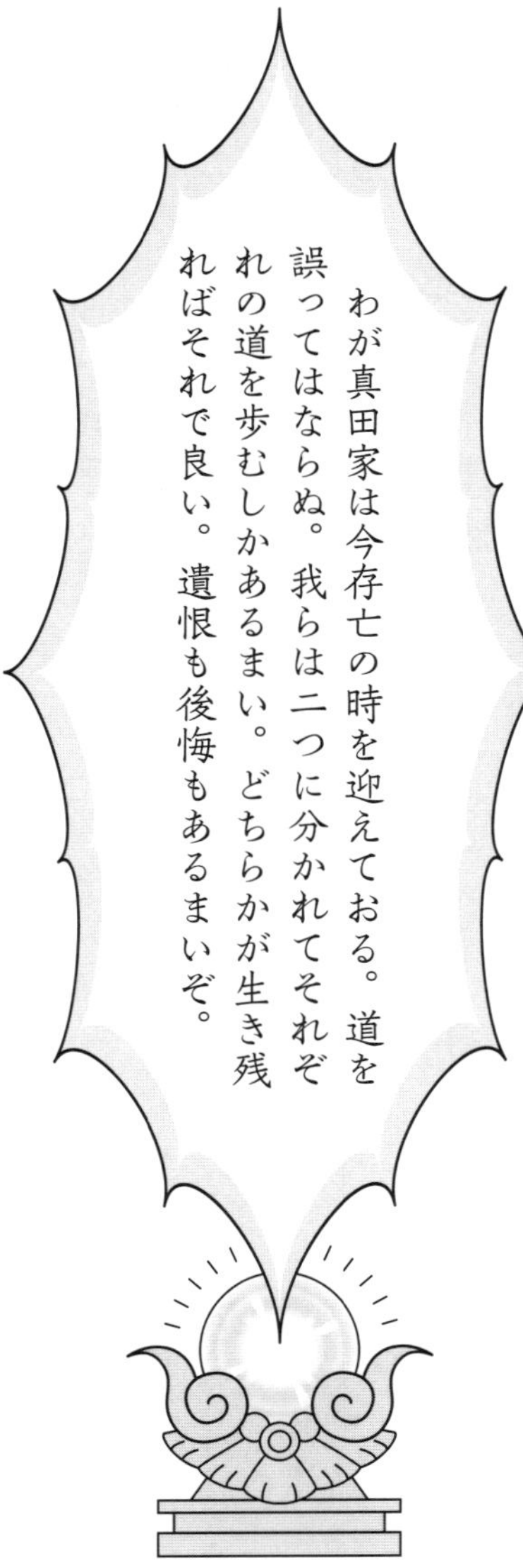
わが真田家は今存亡の時を迎えておる。道を誤ってはならぬ。我らは二つに分かれてそれぞれの道を歩むしかあるまい。どちらかが生き残ればそれで良い。遺恨も後悔もあるまいぞ。

第44話

源頼朝は絶体絶命のピンチを
ある人の機転でぎりぎり
くぐり抜け、命が助かった。

「本当」でしょうか？

「うそ」でしょうか？

正解は「本当」です。

充分な準備もせずに挙兵した「石橋山の戦い」で大敗した源氏の大将「源頼朝」の命は、風前の灯火になっていました。ところが…。

現在では夜景スポットとしても注目される「梶原山」。鎌倉幕府で大活躍した「梶原景時《かげとき》」と深い関係があるのです。大河ドラマ「鎌倉殿の13人」に登場していて、中村獅童さんが周囲の御家人たちに溶け込めない人物として演じていました。

「平氏にあらずんば人にあらず」―平清盛が太政大臣になったり、娘を天皇の后にしたりと平氏が政治に大きな力をもっていた12世紀。平氏に味方する梶原景時は、源氏の源頼朝が相模国石橋山（小田原）で兵を挙げた知らせを受けて出陣します。「石橋山の戦い」1180年（治承4年）は激しい風雨の中で両軍相乱れて戦いましたが、平氏の多勢に源氏は10分の1程の軍勢、夜明けには勝敗が決まっていました。源氏軍は平氏の軍に追われて、山中に逃げ込みます。大勢でまとまっていると目立つので、人目に付かないように分かれて行動することになりました。源頼朝は6人の兵に守られて必死に逃げ惑います。刀は折れて矢は使い果たし、もう戦えません。身を隠す場所がないかとさまよっていると、幸運にも大きな洞穴が見つかりました。そこに隠れて息を潜めていると、運が悪いことに平氏の追っ手（大庭勢）が到着します。洞穴が怪しいとにらんだ敵軍の梶原景時が入ってきたのですから、絶体絶命のピンチどころか万事休す。「自害するしかない」と覚悟を決めた頼朝と、侵入してきた景時の目が一瞬合いました。

《頼朝の命運はここで尽きてしまうのでしょうか？》

この時、景時は思いがけない言葉を放ったのです。「自害は待たれよ。命は助けましょう。もし戦いに勝ったら私のことを覚えていて下さい」と告げて素早く出て行ったのです。続いて洞穴が怪しいとにらんだ大庭景親《かげちか》が洞穴に入ろうとすると、景時は入口に立ち塞がり、「ここは俺が見た」と言って、景親を中に入れようとしませんでした。

頼朝は九死に一生を得たのです。その後、無事に逃げ出すことができた頼朝は、景時の後ろ姿を見送り、「生涯、この恩は忘れないぞ」と固く誓ったことでしょう。石橋山の戦いから4カ月後、景時は敵方の源氏軍に加わります。

征夷大将軍に任命されて鎌倉幕府を開いた源頼朝は、命の恩人である景時を要職に任じます。「侍所」と呼ばれ、御家人たちを取り締まる重要な役目でした。景時は武勇に優れて雄弁でもあり、東国武士にしては珍しく教養がある和歌の道にも通じた人物でした。命の恩人であるだけでなく、実務能力からも頼朝に重用されたのでしょう。

ところが1199年（正治元年）に頼朝が亡くなると、立場が一変します。重臣たちが景時を鎌倉幕府から追放しようとしたからです。66人もの御家人から2代将軍「源頼家」へ訴状が出されて、そこには景時の罪状が諸々と書かれていたのです。頼朝に重用されていたことへの妬みなのか、周囲をはばかることなく雄弁に自説を説いてきたからなのか、役目がら御家人たちの言動を監視して頼朝に注進してきたからなのか。さまざまな理由があったでしょうが、幕府内では仕事に徹する異質の存在だったようです。

《景時はこのまま鎌倉に留まる判断をしたのでしょうか?》

形勢不利と見た景時は、鎌倉を去る決断を素早く下します。1200年(正治2年)1月19日夜、凍てつく夜風の中を一族郎党33騎と共に、密かに領地を抜け出します。知り合いの多い京都に逃げようと西に向かって駆けました。景時が逃亡したことはすぐ幕府の知るところとなり、直ぐさま追討令が幕府支配下の御家人に出されます。

昼夜休まず京に向かって駆け続けた景時一行は、翌日の夜に「清見ヶ関」(現在の清見寺の辺り)まで到着します。ここで大乱闘に巻き込まれてしまうことになるとは…。

照らす鏡

源頼朝が隠れる洞穴前で景時が放った言葉

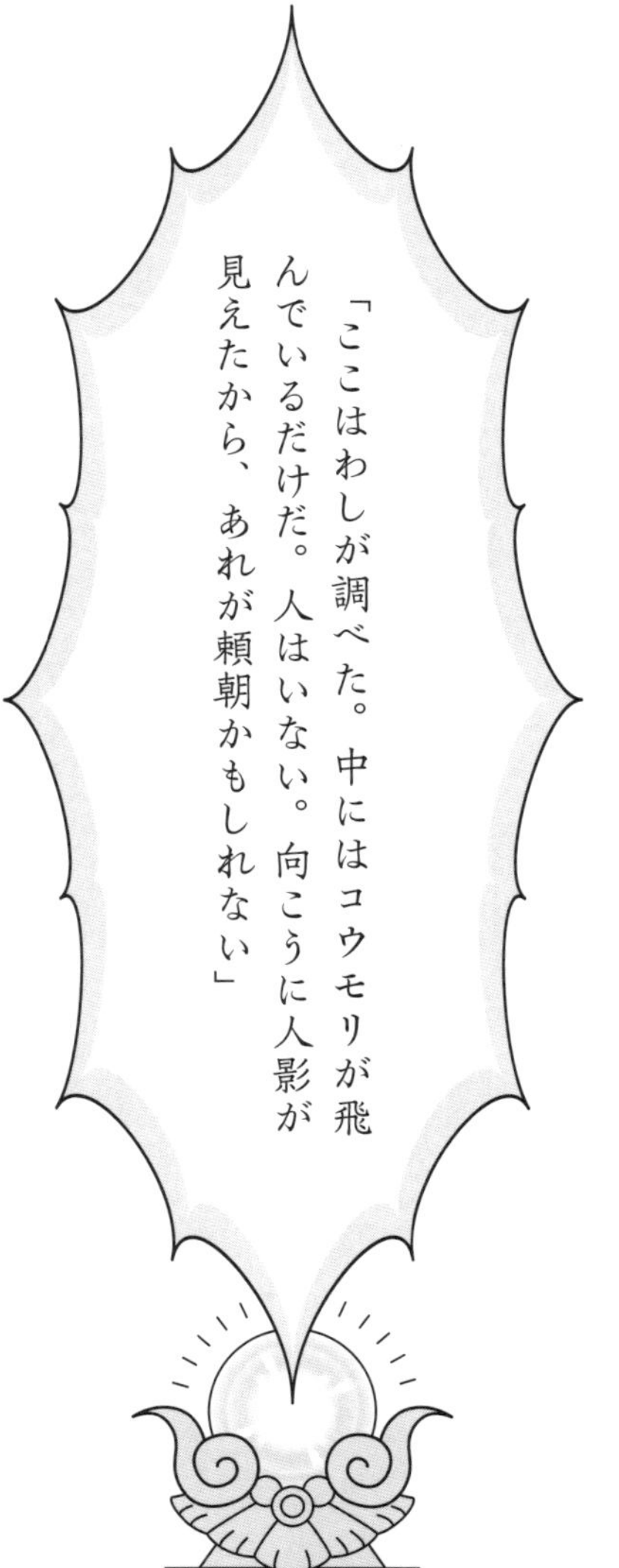
「ここはわしが調べた。中にはコウモリが飛んでいるだけだ。人はいない。向こうに人影が見えたから、あれが頼朝かもしれない」

第45話

武勇に勝《すぐ》れた梶原景時は、無事に京都までたどり着くことができた。

「本当」でしょうか？

「うそ」でしょうか？

正解は「うそ」です。

「梶原景時」の一行は、残念ながら京都までたどり着くことができませんでした。なぜなら、静岡の地で大乱闘が起こってしまったからです。

景時一行が清見ヶ関を通過しようとしたのは、1月20日午後10時。ここで追討令を受けた駿河の武士団が待ち伏せしていたのです。名前は「飯田《いいだ》五郎」「庵原《いはら》小次郎」「渋川《しぶかわ》次郎」「吉川《きっかわ》小次郎」「船越《ふなこし》三郎」たちで、名字からどこの領地を治めていたのか分かるのは、現在まで残されている地名だからです。文化財でもある地名は、流行で安易に変更してはなりませんね。ともかく、これほどの多勢で陣を張って待ち構えていたのです。一方の景時たちは昨夜から一睡もせずに雪の箱根を越え、ようやく駿河までたどり着いたばかりで疲れ切っていました。この場から早く逃れようとしますが、追い打ちをかけられます。清見寺本堂の玄関に「血天井」と呼ばれる、多くの染みや模様の残る天井があることをご存じでしょうか。これは、景時たちが「清見ヶ関」で争った折に血が飛び散った柵板を、後に寺の天井に再利用したからだと伝えられています。

景時一行33人は、横砂、袖師、矢倉神社、高橋、大内、鳥坂と不慣れな道を逃げに逃げます。沼地を避けながら東海道から北街道へ、さらに山際の道を月明かりだけを頼りに駆けていきます。清水区の鎌倉時代の街道は、現在よりもずっと北側にあったのです。敵を振り払ってようやく国府(国の役所)の辺りに来ると、景時は後方に味方の姿がないことに気がつきます。

《単独でも京都に向かおうとしたのでしょうか？　それとも味方を心配して戻ったのでしょうか？》

駿河区の曲金まで来ていた景時は、仲間を心配して来た道を引き返します。瀬名川の橋で待ち構えていた地元の侍から一斉に大量の矢を射かけられ、多くが負傷してしまいます。矢を射られた橋という意味で、ここが「矢射タム橋」。一族がことごとく敵の矢や刀で討たれてしまったことを知った景時は、「もはやこれまで」と逃亡を断念して自決を覚悟します。息子の景季《かげすえ》や景高《かげたか》たちと近くの山(夕日無山《ゆうひなし》)に向かいました。ここが現在「梶原山」と呼ばれる標高２７９ｍの山なのです。景時は山に逃げ込む時に、わざわざ馬の尻を先に後ろ向きで登っていきました。

《危急存亡の時なのに、なぜこんな不可思議な行動をとったのでしょう?》

後ろ向きで登れば、馬の足跡を見つけた敵方が「山から降りた」と誤った判断をするだろうと機転を利かせたのです。景時親子はしばし、頂上近くの清水の湧き出る所で顔を洗い清めて髪のほつれを直し、喉の渇きを癒します。馬も人も一息つくことができたのです。今は枯れてしまっていますが、「鬢《びん》洗い水」といわれる場所が頂上近くに残っています。名馬「するすみ」で足跡を偽装した甲斐があってか敵が混乱して、心静かに自刃できる時間が取れたのです。和歌の道にも通じていた梶原景時の辞世の句が伝わっています。

この場で息子と共に自刃して、介錯《かいしゃく》(切腹した人の最後を見届けて首を刎《は》ねる人)を頼んだ家臣に「我らの首は敵に奪われるな」と厳しく命じます。鎌倉武士たちには揺るぎない流儀や作法がありました。死の直前までも作法を守って戦うのが、武士の矜持《きょうじ》だったのです。

残念ながら景時たちの首は見つけられて、一族の首が「高源寺」前の北街道にさらされる結果となりました。

鎌倉時代の将軍と御家人たちは、土地を介して「御恩と奉公」で結び付いていました。討ち取られた梶原景時の領地はその後、景時討伐に功績のあった駿河の武士たちに与えられました。

この事件の直後、天台宗の僧侶「慈円《じえん》」が書いた歴史書である『愚管抄《ぐかんしょう》』に、次の一文があります。

「時の人、景時を殺したるは頼家の大失策という」

鎌倉の御家人からは目障りな存在だった梶原景時ですが、世間では優れた人物との評価が高かったのです。

照らす鏡
梶原景時　辞世の一首

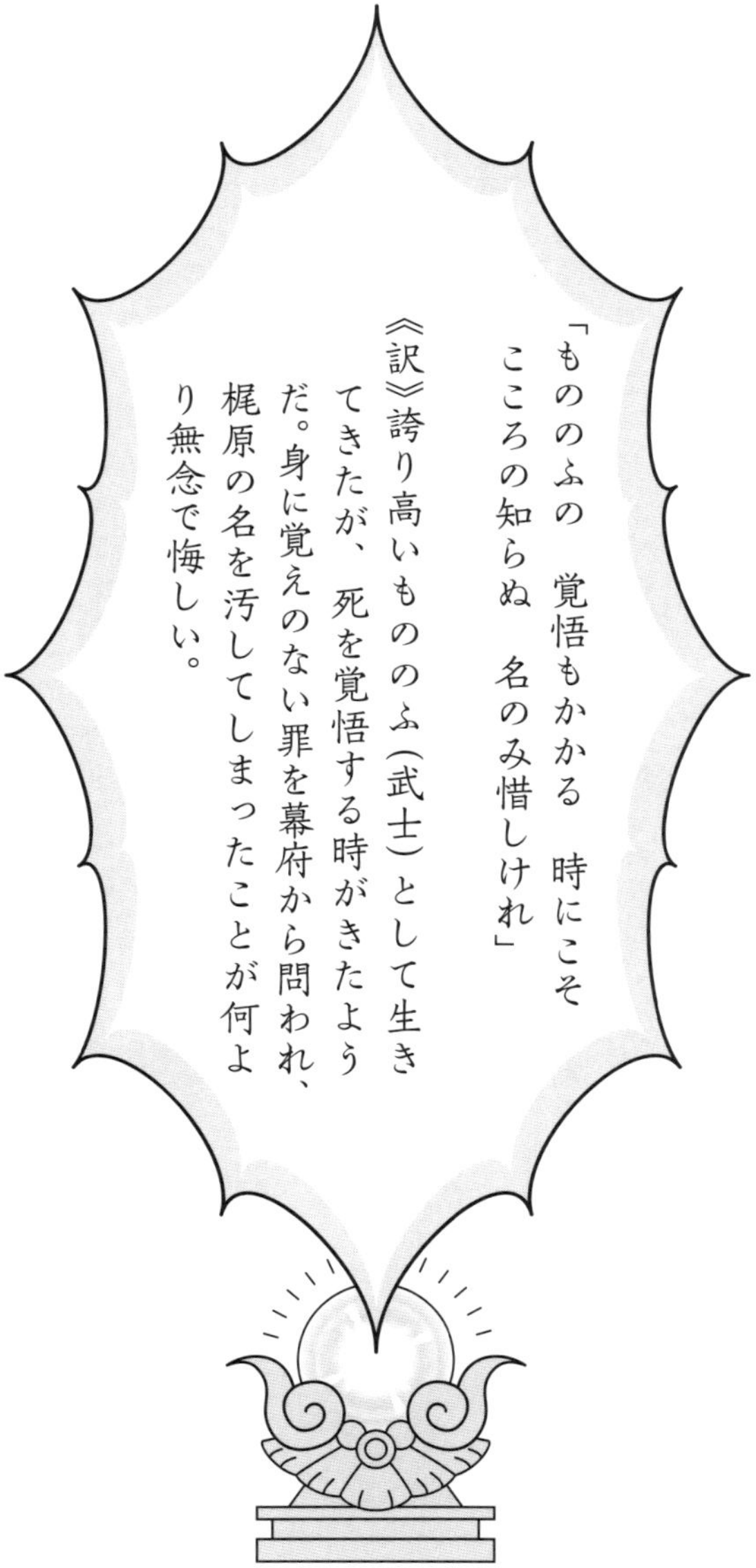
「もののふの　覚悟もかかる　時にこそ
こころの知らぬ　名のみ惜しけれ」
《訳》誇り高いもののふ（武士）として生きてきたが、死を覚悟する時がきたようだ。身に覚えのない罪を幕府から問われ、梶原の名を汚してしまったことが何より無念で悔しい。

第46話

日本の城には必ず、天守閣がある。

「本当」でしょうか?

「うそ」でしょうか?

正解は「うそ」です。

天守閣のある城郭建築は、城の歴史をたどると極めて後期になってからです。

《「城」というと、どのような姿をイメージしますか？》

満々と水を湛《たた》えた堀。高く積み上げられた石垣。白壁や黒壁の建物に映える勇壮な屋根瓦。瓦の両端に突き出た鯱《しゃちほこ》。私たちがイメージする雄大な城は、織田信長が「安土城」に天守を構えたのが始まりのようです。

《それ以前は、どのような城だったのでしょうか？》

城は戦《いくさ》の「軍事拠点」ですから、自分たちの領地や財産を守ろうとする人々が必要に迫られて造ったものでした。地域の武士や村の殿様、寺や神社、村の住民連合が造ったものまでありました。ですから自然地形を活かした石垣も天守もない、簡単な造りの「砦《とりで》」のようなものだったのです。砦ですから、最初は人里離れた山中で、敵が容易に登ることのできない険しい山頂に造られました。次第に小高い山頂から中腹に降りてきて、ついには交通上重要な場所（平地）に建てられるようになったのです。城に求める役割が時代と共に変化してきたからでしょう。物見の砦から最終防衛する砦へ、さらに武器や食料を備蓄する櫓（矢倉）を兼ねた建物へ、ついには城主の権威・権力を示す存在にまで進化したのです。

《ここ静岡の城は、どんな様子なのでしょうか？》

静岡県には600カ所を超える中世の城や館の跡があります。京都と関東の中間地点にあり、領地を巡って激しい攻防が繰り返されてきたため、城の数が多かったようです。

静岡市の城というと、まず「駿府城」を思い浮かべますが、他の城もいくつか紹介しましょう。

・東海道と駿府を守り、丸馬出を構えた「丸子《まりこ》城」
・駿府の西側を守り、水軍の拠点でもあった「持舟《もちぶね》城」
・自然の要害を利用して、武田水軍の軍事拠点であった「久能山《くのうざん》城」
・武田信玄が創築した駿河支配の拠点の「江尻城」
・武田が北条氏の侵攻に供えて身延道を押さえた「横山城」
・今川、北条、武田の攻防で知られた「蒲原城」

静岡市の国指定の史跡には「久能山城」と「小島陣屋《おじまじんや》」があります。「陣屋」とはあまり聞き慣れない言葉です。江戸時代の城は3万石以上の大名にしか所有が許されませんでしたので、1万石の瀧脇《たきわき》松平家は屋敷を「陣屋」と呼びました。小島陣屋は、石垣を用いた城郭風の構えで珍しい造りになっています。

《城の楽しみ方が、意外に広遠であることを知っていますか?》

誰もが最初は、建物である天守や櫓《やぐら》などに関心をもって、城内を巡ってみるかと思います。すると、石垣や堀などの違いが気になってきます。しだいに、建物が全く残っていない地元の「城跡」にわずかな痕跡を見つけて訪ね歩くようになるでしょう。

究極の城好きは、ただの地面からでも城があった頃を想像して心から楽しめるようになってくるようです。戦うための城ですから「攻める側の立場」になったり「守る側の立場」になったりして、空想をふくらませて両者と対話（対戦？）しながら歩いてみたらどうでしょうか。

照らす鏡
領国経営でも手腕を発揮した武田信玄の言葉

人は城　人は石垣　人は堀
情けは味方　仇《あだ》は敵なり

《訳》国を支える一番の力は人である。信頼できる人の集まりは強固な城となって国を守り支えるが、不満や敵意に満ちていれば国は滅びてしまう。

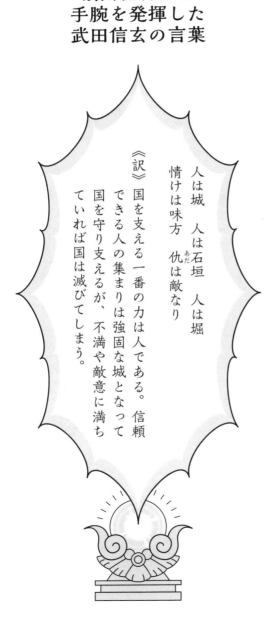

第十一章

報徳で豊かな村に

衝撃を受けた二宮尊徳の教え

江戸時代〜明治時代

登場人物

庵原の七大人

下村湖人

片平信明

二宮尊徳

内村鑑三

大久保忠真

第47話

庵原の貧しい山村を立て直すきっかけは、一冊の本との出合いであった。

「本当」でしょうか？

「うそ」でしょうか？

正解は「本当」です。

杉山村名主《なぬし》の片平信明《のぶあき》が村運営に自信を全くなくしていた時、その進路を照らしてくれたのが、実践に裏打ちされた一冊の「本」だったのです。

《みなさんが壁にぶち当たって進路を見失った時、何にすがりますか？》

清水庵原小学校の正門右手に、２mを越える石碑がそそり立っています。１９２４年（大正13年）に建立された「七大人《しちだいじん》の碑」です。江戸時代から明治にかけて文化や産業に貢献し、現在の町の礎を築いた賢人の生き方や業績を手本とするべく、後世に伝えているのです。その7人とは、

山梨了徹《りょうてつ》　山梨稲川《とうせん》　柴田慈渓《じけい》　柴田堅節《けんせつ》　柴田泰山《たいざん》　牧田勇三《ゆうぞう》　そして片平信明《のぶあき》です。

七大人の一人「片平信明」は、杉山村の名主（地域の取りまとめ役）の家に生まれ、兄が突然亡くなって跡を継ぎます。平らな土地がない杉山村は、毒荏《どくえ》（あぶらぎり）を山で育てて生計を立てていました。ところが明治時代になると外国から安い石油が輸入され、毒荏の油の需要がなくなります。生活の糧を失った村人は貧しくなり、名主自ら隣村から借金して生活をつなぐ有り様でした。杉山村は米や野菜を作る平らな土地がないため、山で育てられる限られた作物は「数年で収穫できるお茶」か「収穫までに10年かかってしまう蜜柑」しか考えられません。

貧しさから早く抜け出すため、信明はすぐに収穫できる茶の栽培を村民たちに勧めます。ところが思わぬ障壁に突き当たります。「お茶を植えると人が死ぬ」との迷信が根強く残っていて、村人が栽培に手を出そうとしないのです。信明は茶の苗を無料で配ったり、お金を貸し付けたりして必死に勧めましたがうまく普及しません。この時、迷信を堅く信じて村をより良く変えようとしない大人や年寄りに任せていては村が豊かにならない、と信明は痛感します。打開策を考案しなければなりません。

《片平信明はどんな行動を起こしたのでしょうか？》

青年に学問を教えて未来の人材を育てる決意をします。自宅の物置で「青年夜学校」を始めたのです。子ども対象ではなく青年のための学校は、とても先進的な試みでした。「百姓に学問なんかいらない」と不満を口にして妨害する大人もいましたが、はしごを外した2階で勉強を継続します。若者たちが学問に目覚めると村全体に活気があふれるようになり、大人たちまでが加わるようになってきました。

全国的に茶の栽培が盛んになり、外国にまで輸出されるようになると、全国的に茶農家が増えました。ところが、一部で粗悪な茶（柳葉を混ぜるなど）を出荷する農家が現れて日本茶の信用が一気にしぼみ、茶が飲まれなくなったのです。すると茶の価格が大暴落。「全く売れない作物・儲からない作物」に変わってしまったのです。大人の中には「騙されてお茶を植えて馬鹿をみた。引き抜いてしまおう」と怒る人まで出る始末です。

お茶が売れなくなって村人の信用をすっかり失った信明は大きなショックを受け、心も身体も疲れ果てて病気で倒れてしまいます。「たまには休養も必要だ」との家族の勧めもあって、温泉地の熱海へ出かけます。

風呂に入る以外何もすることがなかった信明は、ゆっくりと大好きな本を読もうと貸本屋に入り、偶然手に取った本に衝撃を受けます。それは、「二宮尊徳」の考え方や仕法を弟子がまとめた本、『富国捷径《ふこくしょうけい》』でした。江戸時代に多くの貧しい村を次々と立ち直らせてきた「報徳の教え」こそ、杉山村を復興させる希望の光になると、信明は確信したのでした。

信明は別人のように元気とやる気に満ちた顔で、予定より早く帰宅します。「何事が起こったのか」と家族や村の人々が首をかしげる中、はっきり宣言したのです。

「報徳の考えで村を立て直したい!!」

照らす鏡
名主「片平信明」が村人に説いた言葉

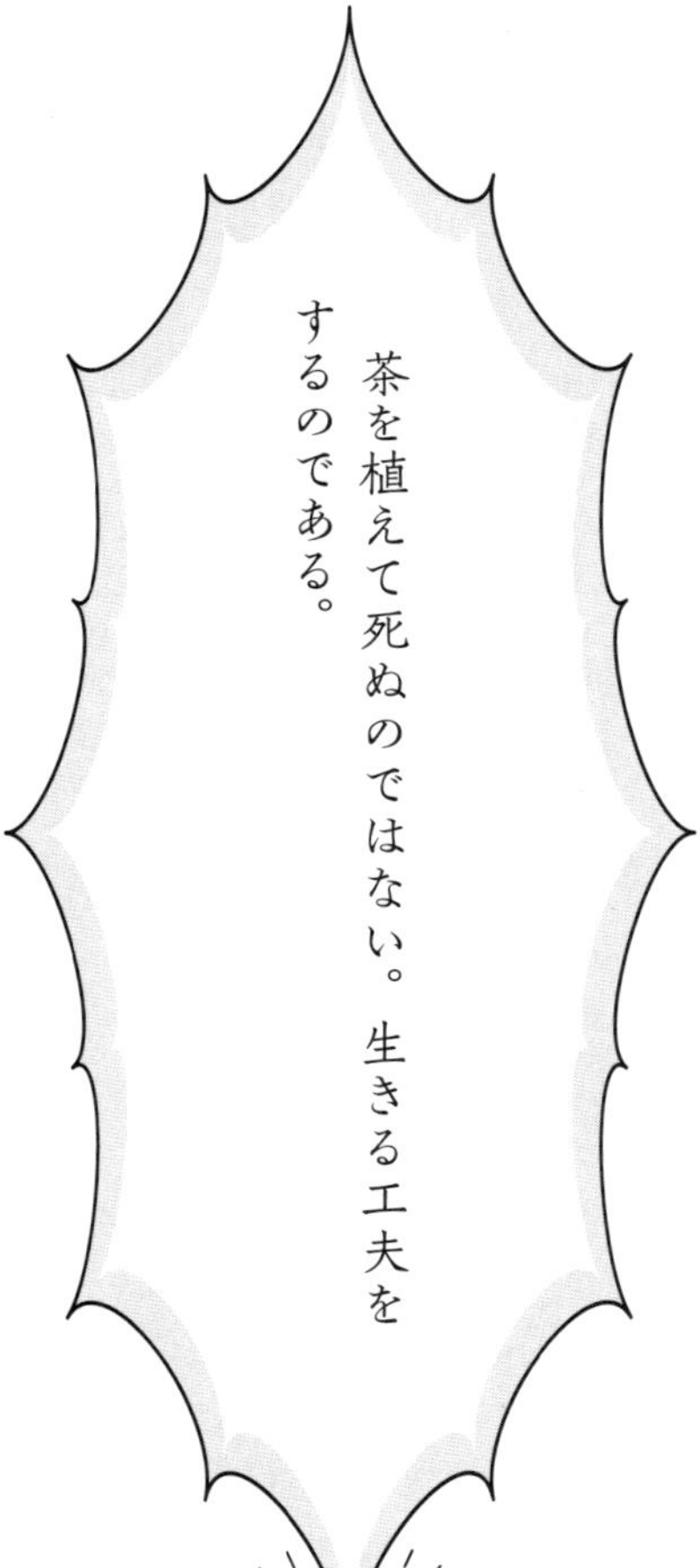
茶を植えて死ぬのではない。生きる工夫をするのである。

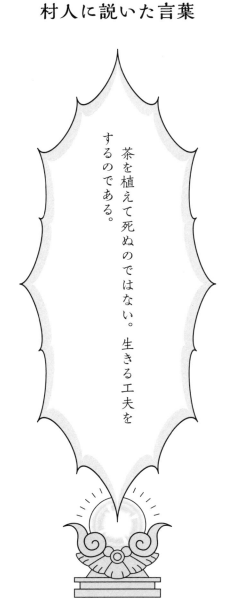

第48話

「報徳」の教えとは、人の援助に頼るのではなく自分たちで変革するものだった。

「本当」でしょうか？

「うそ」でしょうか？

正解は「本当」です。

「杉山村」は立ちはだかる壁を村人の力で乗り越えて、全国の模範村にまで発展を遂げていったのです。「報徳の考えで村を立て直す！」と誓った片平信明でしたが、杉山村を立て直す方策や具体的な手立てが分からず、悶々と悩んでいました。そんな時、隣の原村に「二宮尊徳」の教えを直接受けた人物がいることを知ります。それが七大人の一人「柴田堅節《けんせつ》」でした。報徳の教えや実践のやり方を詳しく聞こうと村の青年たちと1カ月間通い詰めた後、決意を固めて「杉山報徳社」を立ち上げます。

杉山村が豊かに発展するには、蜜柑栽培しかないと信明は考えていました。品種は江戸時代に栽培されていた「小《こ》みかん」ではなく、「温州《うんしゅう》みかん」に目を付けていました。小みかんは小粒で種があって甘くありませんが、温州みかんは大粒で美味しく種がなくて食べやすかったからです。

《美味しくて食べやすい温州みかんが、どうして栽培されてこなかったのでしょうか？》

ここでも迷信が根強く残っていたのです。「種なしは、子種ができなくなる」との間違った言い伝えがあったからです。

美味しい温州みかんを栽培すればきっと喜ばれるはずなのですが、温州蜜柑の苗木が静岡には一本もありませんでした。どうしても苗木が必要です。遠く紀州（和歌山県）に苗木があるとの情報を得た信明は、居ても立ってもいられず、たった一人で荷車を引いて出掛けます。１８７９年（明治12年）には鉄道が静岡まで通っておらず、自動車もありません。片道５００㎞の道のりをひたすら歩くしかないのです。帰りは大量の苗木をぎっしり積み込んで、大きな川や険しい峠も乗り越えてようやく杉山村までたどり着きました。

苦労して持ち帰った温州みかんの苗木でしたが、信明は村人たちに無償で分けて栽培を勧めます。植える土地のない人には、自分の山林を進んで貸し出したりしました。

こうして全国に先駆けて「温州みかん」の栽培が杉山村で始まったのです。黄金色に色づくみかん山を夢見てスタートしたみかん栽培でしたが、産業として成功させるには「三つの壁」が立ちはだかっていました。

●第1の壁…収益を上げるのに10年以上かかる　↓　長期間、借金を続けられない
●第2の壁…みかんを卸す商人が安値で買おうとする　↓　安値で買いたたかれて困る
●第3の壁…美味しい温州みかんの作り方を誰も知らない　↓　栽培の知識がない

《三つの壁は乗り越えるのが難しそうですが、どのように克服したのでしょうか？》

二宮尊徳の「報徳」の教えが、この大ピンチを乗り越える智恵と方策を授けてくれました。
○第1の策…みんなから集めた「推譲《すいじょう》」のお金を、無利息で貸し出した
○第2の策…商人に任せるのではなく、自分たちでみかんを売る組織を立ち上げた
○第3の策…みんなで成功や失敗を共有して研究し合った

みかんの外箱に「責任票」を張り、「美味しくなかった時や満足しなかった時には送り返して下さい」と、生産者としての責任と自信を示しました。明治時代に消費者の立場で安心安全まで考えた生産者は少なかっ

たのです。杉山村の温州みかんは信用を高めて売り上げを伸ばし、村は見事に大発展を遂げます。

1897年（明治30年）、何と明治政府から杉山村に「全住民の心を合わせた努力で、全国から模範とされる豊かな村になった」（模範村）として表彰を受けるまでになったのです。

信明は年を重ねても、村の畑を回ってみかんやお茶の成育具合を心配したり、村人の相談に乗ったりと忙しく活動していました。ある日、みかん畑を見回っている時に足を踏み外して大けがをします。「農夫は山野で倒れるのが名誉の戦死である」との言葉を残して、息を引き取ったのでした。

「下村湖人」の自伝的長編小説『次郎物語』に、杉山村のことが取り上げられています。

照らす鏡

下村湖人『次郎物語』（五）より

岩波文庫/2020年

報徳部落として全国に名の聞こえた同県の杉山部落の見学だった。杉山部落は、歴史と伝統に深い根をもち、すでに完成の域にまで達している――中略――ほとんど平地にめぐまれないこの部落の人たちは、過去数十年間の努力を積んで、山の斜面を残るくまなく、茶畑と蜜柑畑と竹林とに変えてしまったのである。

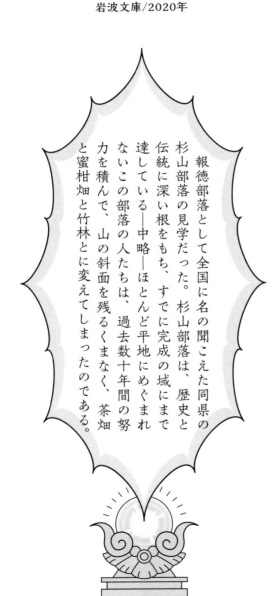

第49話

多くの小学校に残る二宮金次郎の像。薪を背負って読んでいる本は物語だった。

「本当」でしょうか？

「うそ」でしょうか？

正解は「うそ」です。

薪を背負って歩きながら本を読む二宮金次郎の像は、多くの小学校で見かけます。彼は静かに物語を読みふけっていたのではありません。「素読」すなわち何度も声に出して誦《とな》えていたのです。

《金次郎が素読していたのは、どんな本だったのでしょうか？》

「人は何のために生きるのか」「どのように学ぶのか」を説いた、儒教の入門書『大学』でした。例えばこんな一文があります。

「国を治むるには必ず先ずその家を斉《ととの》う」「一家仁《じん》なれば　一国仁に興《おこ》り、一家譲《じょう》なれば　一国譲に興る」

これを毎日誦えていたのです。これらの文の意味は「身近な家族の仁愛や謙譲の心ができてこそ、一国全体の仁愛・謙譲が達成できる」と解釈できます。

かつて「二宮金次郎」の本は、学校図書室に必ず置かれていました。大正時代の文学者「内村鑑三《かんぞう》」は、日本の思想や文化を世界に向けて英語で発信した名著『代表的日本人』で誇らしい生きざまの日本人5人を挙げています。「西郷隆盛」「上杉鷹山《ようざん》」「中江藤樹《とうじゅ》」「日蓮聖人《しょうにん》」、そして「二宮尊徳（金次郎）」です。

二宮金次郎は相模《さがみ》国の貧しい農家の長男に生まれ、13歳で父親を亡くし一家の柱となって働きます。親戚の葬式に母親と一緒に出席した時のことです。身なりがみすぼらしいとの理由で葬儀の席に加えてもらえず、奥の台所で食事を取らされる屈辱を味わいます。金次郎は幼い頃から貧乏の辛さや惨めさが骨身に染みていたのです。母もまもなく亡くなり、両親のいない兄弟は別々に親戚に引き取られていきます。伯父《おじ》の家に引き取られた金次郎は、朝早くから夜遅くまで必死に働きました。学ぶことに飢えていた金次郎は一冊の古典を手に入れ、一日の仕事を終えた深夜に行灯をつけて勉強を始めます。ところが伯父から「役に立たない勉強のために、貴重な油を使うとは何事か！」と叱られるのです。仕方なく、自分の油を手に入れるまでは勉強を我慢します。誰も耕作していないわずかな土地を開墾してアブラナの種を蒔き、休日に栽培してようやく自分の油を手に入れます。自分の油で深夜に勉強を始めると、また伯父に怒られてしまいます。

《今度は、どんな理由で怒られたのでしょうか？》

「お前の時間は俺のものだ。無駄なことに使わせる余裕はない！」。金次郎は一日の田畑の重労働が終わった後も、筵《むしろ》織りや草鞋《ぞうり》づくりに励みます。勉強できる時間などどこにもないようですが、金次郎は探し出したのです。「干し草や薪《たきぎ》を拾いに野や山へ行き来する時間があった！」。小学校に置かれている二宮金次郎像は、薪拾いの最中なのです。後に金次郎は実家の田畑を買い戻し、伯父の家を出て兄弟を集めます。

几帳面で勉強好きな金次郎は、武士や商人の家に立ち寄ってそろばんや大福帳のつけ方も自ら学びます。貯まったお金で田んぼを買い増して、31歳の時には栢山《かやま》村で指折りの大地主になっていたのです。

金次郎は、貧乏のどん底から這い上がってきた人生経験から「天地自然の恩恵に報いて連帯することで、真の豊かさを生み出す『報徳』に辿り着くことができる」を会得します。人々の生きがい（心田）を耕そうとする報徳の教えと具体的な取り組みが目覚ましい成果をもたらし、全国の藩や村々から注目されます。

報徳運動の拠点「大日本報徳社」が残る掛川市教育委員会では、報徳「四つの綱領（4本柱）」を道徳本『なるほどなっとく金次郎さん』として児童の発達段階に沿った教育を進めています。私が10年前に知った時、先人の教えを尊重する地域ならではの取り組みに、感動して羨望さえ覚えました。

①小学3年生「勤労《きんろう》」…最後まで真剣に

②小学4年生「至誠《しせい》」…真心をこめて人・生物・物に接する

③小学5年生「分度《ぶんど》」…自分にふさわしい生活を

④小学6年生「推譲《すいじょう》」…人のために譲る

「報徳」の教えは「一円融合《いちえんゆうごう》」。全てが一つの円のようにつながってこそ目的を達成できる、と説いているのです。

照らす鏡
報徳「四つの綱領《こうりょう》」の原文

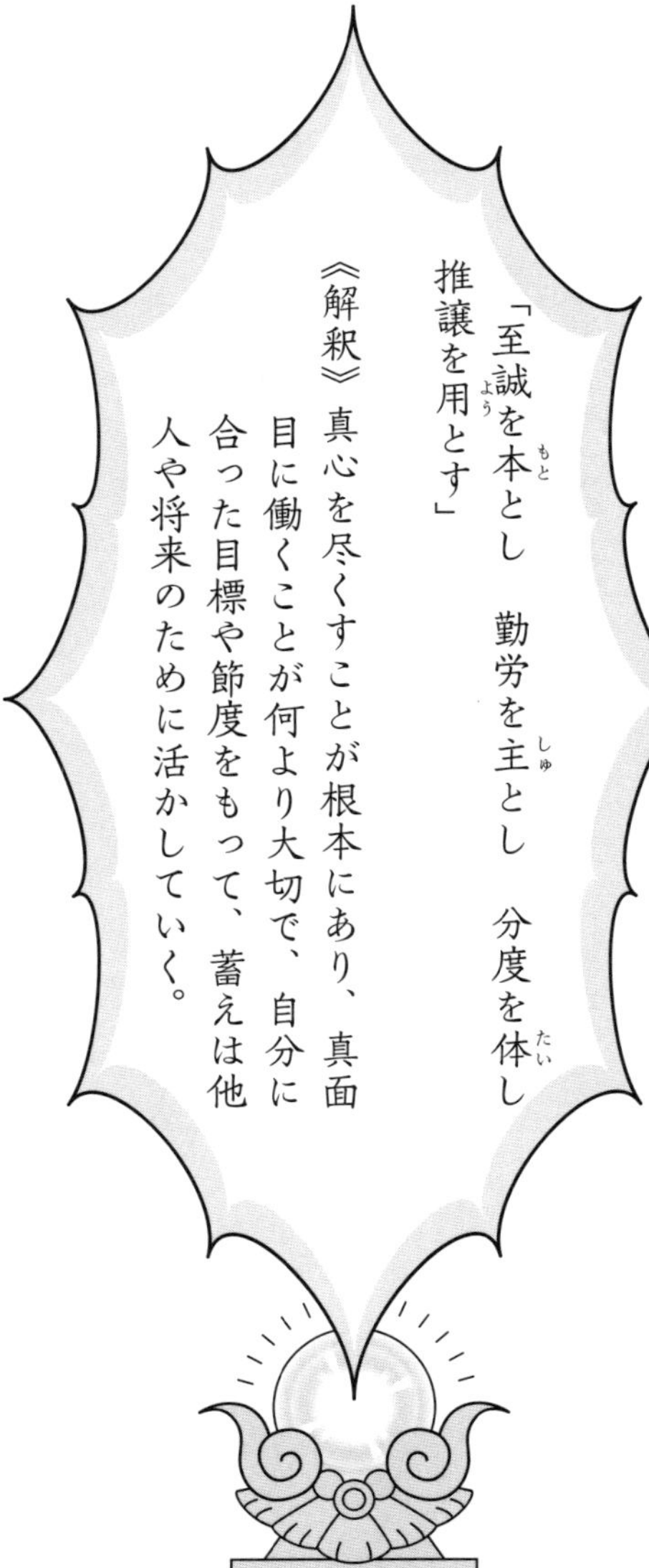
「至誠を本《もと》とし　勤労を主《しゅ》とし　分度を体《たい》し
推譲を用《よう》とす」
《解釈》真心を尽くすことが根本にあり、真面目に働くことが何より大切で、自分に合った目標や節度をもって、蓄えは他人や将来のために活かしていく。

第50話

農民から幕臣の武士に取り立てられた二宮尊徳は、遺言でも報徳を貫いた。

「本当」でしょうか？

「うそ」でしょうか？

正解は「本当」です。

二宮尊徳の人生そのものが「報徳」を体現した模範でした。「報徳」とは、徳をもって徳に報いること、「天・地・人」からもたらされる恩恵に感謝して行動していくことです。

「二宮尊徳」は、小田原藩主で老中の「大久保忠真《ただざね》」から桜町領の復興を頼まれます。農民だった尊徳を武士に取り立て、復興の一切を10年間の任期で託すというのです。桜町は下野(栃木県)国ですから、これまで苦労して積み上げてきた栢山《かやま》(神奈川県)の全財産を売り払って、一からやり直すことを意味しました。

《尊徳は、再スタートする決断をしたのでしょうか?》

栢山での暮らしを捨てて、桜町への転居を決めたのです。村おこし事業「仕法」は、当座の元金が必要です。自分の土地家屋すべて売り払ってできた資金を復興事業に充てる、との覚悟を決めて出立《しゅったつ》したのです。

早速、尊徳は朝早く起きて村中を回る「回村《かいそん》」を始めます。仕事に精を出す人を見かけると、皆の前で「表彰」して褒美を与えます。もちろん手持ちの資金からです。尊徳のやり方は、やる気のない者を叱咤激励するのではなく、意欲の高い者を表彰して感化させていくやり方なのです。農村は閉鎖的なので尊徳らよそ者に対して排他的で冷酷なところがあったり、身内の小田原藩士から妨害を受けたりと、苦難が次々と降りかかってきます。さすがの尊徳も心が折れてしまい、自分自身の行いが本当に正しいのか自問するため、誰にも告げず成田山で20日間の断食行に入ります。村人たちは失って初めて、尊徳の存在の大きさに気づきます。成田山に迎えに行き、弱った尊徳を皆でおぶって連れ帰るのです。その後、桜町は他地区からの入植者も定住して「一円融合」が実現され、見事な復興を遂げることになります。

殿様から「桜町での仕法」が成功した理由を尋ねられた尊徳は、「荒れ地には荒れ地の力があります。荒れ地は荒れ地の力で起こし返しました。人にも良さや取り柄があります。それを活かして村を興しました」と答えます。「そちのやり方は、論語の『徳をもって徳に報いる』だな」と言われ、感激した尊徳は「報徳」を中心に据えた考え方に自信を深めていきます。「村おこしにお力添えを」と他藩や全国の村々からの懇願が絶えず、弟子入りを志願する者が急増します。その中に庵原地区の七大人の「柴田堅節」もいました。尊徳は幕臣（将軍に直接仕える武士）に取り立てられ、日光東照宮領の仕法にまで取り組むことになります。

尊徳の仕法は、次の手順で進められました。

1. 上納米の限度（分度）を決めて、税法を定める……見通しを立てる
2. 領内全体ではなく、一つの村から始める……まず手本を示してから広める
3. 復興は手順を踏む　善を賞す→困窮者を助ける→地力を尽くす→教化を布《し》く→貯蓄を積む　……身分や立場にかかわらず、全員をくまなく救い上げる

最初に善く働く者を誉めて模範とするモデルを示してから、じわりじわりと行き渡らせていく手順は、自らが汗水流して苦難を乗り越えてきた実践から導き出されたものでした。

尊徳が作成した「荒廃した地域を興すための報告書」は気迫にあふれていて、現代の私たち日本人を叱咤激励しているかのように感じます。

「金銭を下付《かふ》したり（渡したり）、税を免除する方法では、この困窮を救えないでしょう。真に救済する秘

訣は、彼らに与える金銭援助をことごとく断ち切ることです。かような援助は、貧乏と怠け癖を引き起こし、しばしば人々の間に争いを起こすのです。荒れ地は荒れ地自身の持つ力によって開発されなければならず、貧困は自らの力で立ち直らなくてはなりません」

二宮尊徳の弟子（福住正兄《ふくずみまさえ》）が師匠の教えを聞き取ってまとめた本『二宮翁夜話《にのみやおうやわ》』は、弟子との日常の問答を伝える『論語』のように味わい深い本です。

１８５６年（安政３年）、尊徳は天寿を全うして静かに息を引き取ります。死に臨んで家族や弟子たちに、死後までも「報徳」（分度）を貫こうとする遺言を残しています。

照らす鏡
二宮尊徳の遺言

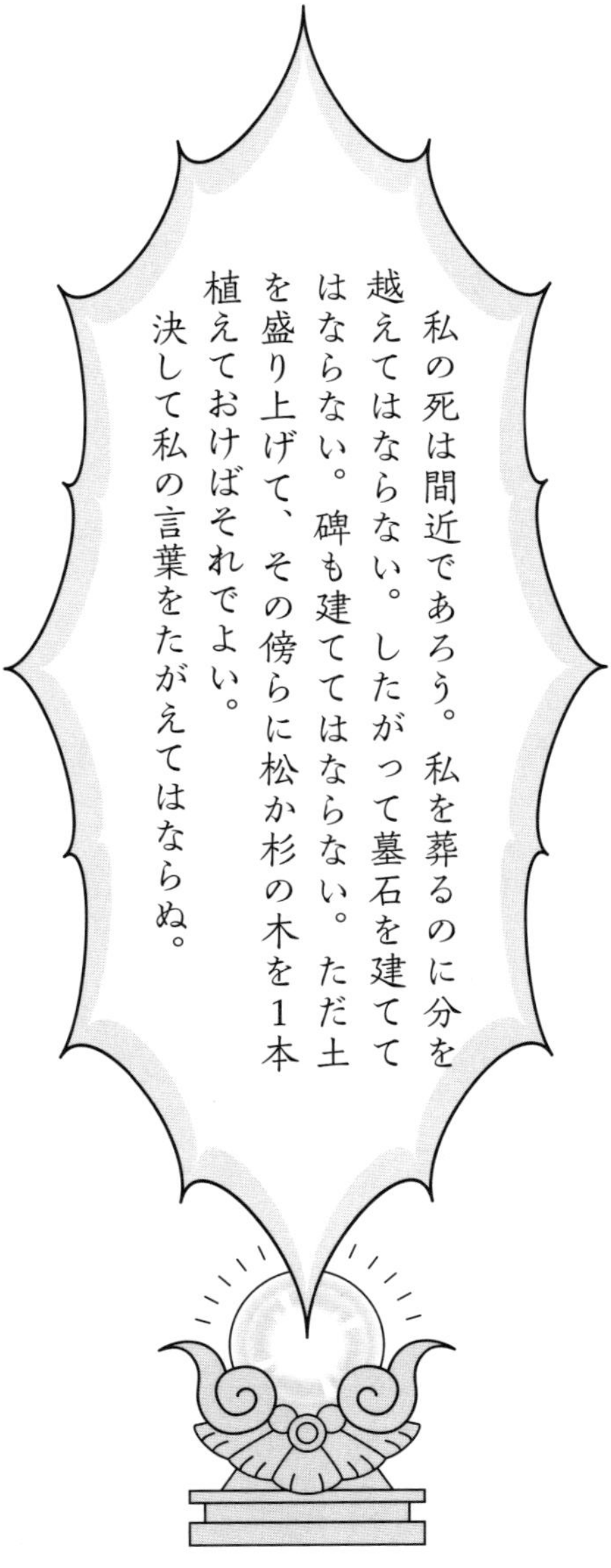
私の死は間近であろう。私を葬るのに分を越えてはならない。したがって墓石を建ててはならない。碑も建ててはならない。ただ土を盛り上げて、その傍らに松か杉の木を１本植えておけばそれでよい。
決して私の言葉をたがえてはならぬ。

興津防空監視哨（小沢忠久氏提供）

山岡鉄舟　銅像（鉄舟禅寺）

清水次郎長　銅像（梅蔭禅寺）

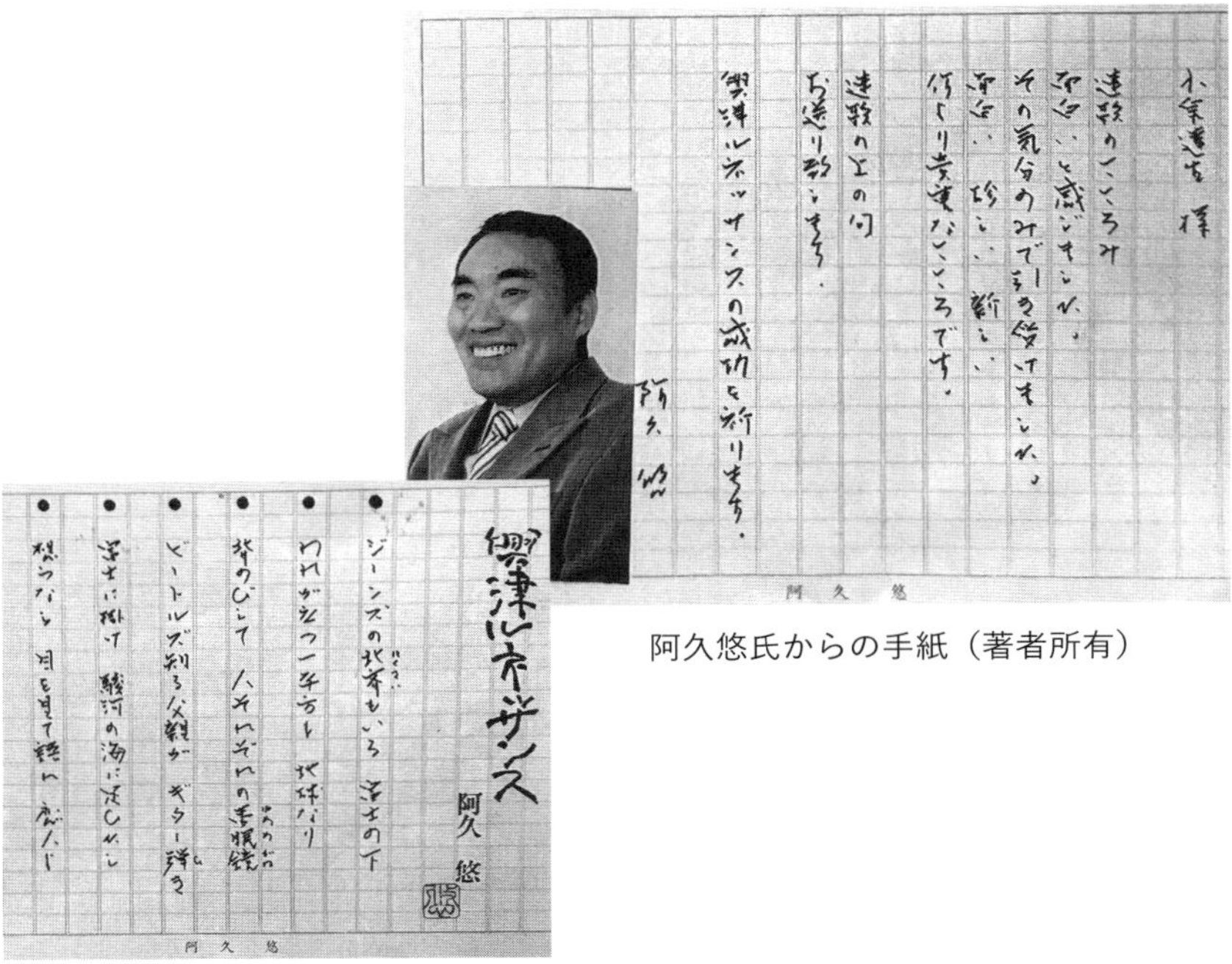
様
連載のこころみ
面白いと感じました。
その気分のみで引き受けました。
面白い、珍しい、新しい、
何より楽しいところです。
連載の上の句
お送り致します。
興津ルネッサンスの成功を祈ります。
阿久悠

興津ルネッサンス
阿久悠
・ジーンズの北斎もいる 富士の下
・背のびして 人それぞれの老眼鏡
・ビートルズ知る父親が ギター弾き

阿久悠氏からの手紙（著者所有）

庵原七大人 石碑（清水庵原小学校）

宗長 木像（吐月峰柴屋寺）

第十二章

世界が驚いた日本の教育システム

学びを楽しむ江戸寺子屋

江戸時代

登場人物

西郷隆盛

佐藤一斎

第51話

江戸時代まではなかった庶民の子どもの教育は、明治政府の「学制」から始まった。

「本当」でしょうか？

「うそ」でしょうか？

正解は「うそ」です。

1872年（明治5年）の「学制」によって近代学校制度が定められる前の江戸時代、庶民の間では既に子どもの学びの場が全国に広がっていました。

明治政府は「新しい国づくりは人材を育成することにある」と考え、小学校から大学までの学校制度を定めて身分や性別に関係ない国民の人材育成に力を入れます。特に重視したのが小学校の教育です。満6歳になった男女全員が小学校に通う事を義務づけました。

《明治政府が義務づける以前、全国にあった教育の場とは何でしょうか？》

歴史上まれに見るほど平和な時代が続いた江戸時代は、自然発生的に民間の学びの場が広がりました。当時の日本は世界有数の「教育国」だったのです。幕末に日本を訪れた外国人の誰もが教育水準の高さに驚きました。庶民が滑稽本や人情本を読みふけっていたり、商家の女将《おかみ》さんがそろばんを弾いて帳面をつけていたり、長屋の便所のほころびを補修するのに浮世絵が無造作に貼られていたりと、学問を身につけた庶民が文化を享受する姿を目の当たりにしたからです。識字率（文字を読める人の割合）は、江戸時代後期の江戸で80％、地方の農村で20％。同じ時期の大英帝国のロンドンで20％、花の都パリで10％です。世界中で文字文化を最も身につけていたのは日本人だったのです。

武士の子には、各藩が設立した学校、「藩校」がありました。水戸藩の「弘道館《こうどうかん》」、萩藩の「明倫館《めいりんかん》」などが有名です。また有名な私塾もありました。松下村塾《しょうかそん》（吉田松陰）、適塾《てき》（緒方洪庵）、咸宜園《かんぎ》（広瀬淡窓）などが多くの秀才を送り出しましたが、数として圧倒的に多い庶民の子どもを育てていたのが「寺子屋」でした。幕末には少なくても現在の小学校と同じか、詳細に調べるとその2倍ほどの寺子屋があったようです。

民間の学びの場であった寺子屋は、二つの大きな特色があります。

【その1】　基礎的な教養の3本柱は「読み・書き・算数」。

《読み》は素読。声を出して暗誦することです。まずは「実語教《じつごきょう》」「童子教《どうじきょう》」といった勉学の勧めや日常の道徳テキスト、さらに進むと「四書五経《ししょごきょう》（孔子の儒教の教え）」へと進みます。また身分によって「百姓往来《ひゃくしょうおうらい》」や「商人往来」などのテキストまでありました。例えば、「我良きに人の悪しきは無きものぞ。人の悪しきは我が悪しきなり」などの人の在り方に迫る箴言《しんげん》を「線香の火が2本燃え尽きるまで復唱しなさい」、と体に染み込むまで素読するように師匠からアドバイスされていました。

《書き》は習字の手習い。静かに墨を擂《す》ることで心を落ち着かせてから書き始めるのです。いろはの48文字から始まり、人名や地名、年中行事などの実用的なものでした。江戸時代は「御家流《ごいえりゅう》」（行書）が一般に使用されていたので、一点一画をはっきりさせる「楷書」を使用する私たちは古文書に難渋するのです。

《算数》といえば「そろばん」。四則計算の加減乗除から始まって利息の計算に進み、日本伝統の算術「和算」を学んでいました。

人格形成のため少年期に身につけさせたのが、挨拶や身だしなみ・立ち居振る舞いなどの「しつけ」です。年長者になると年少者に勉強を教えたり、来客の応対をしたり、書き損じた反故《ほご》紙の片付けをしたり、履き物の整理整頓をしたりと、お世話になっている寺子屋の当事者になって支えていました。ある塾のきまりを一つ紹介しましょう。「友達は皆兄弟同意に候《そうろう》。睦《むつ》まじく互いに正し、幾末までも親身に申すべく候」（友達は兄弟と同じであるから互いに正しい道へ進めるよう、ずっと親しく付き合っていきなさい）

【その2】画一的でなく、一人一人に向き合った「個別教育」。

筆子（寺子屋で学ぶ子ども）は、数えで7歳から14歳くらいまで学んでいました。義務教育でないのですから家庭の都合が優先されます。入学時も退学時も各家庭の事情でまちまちなので、一人一人の進度がずれていました。さらに親の身分や年齢、本人や家庭の要望が全く異なる子たちが集まっているのですから一斉学習などできるはずがなく、当たり前のように個別学習でした。師匠は一人一人の学びのカリキュラムを考えて、一人一人に対応した教育をしていたのです。

照らす鏡
寺子屋師匠の鉄則

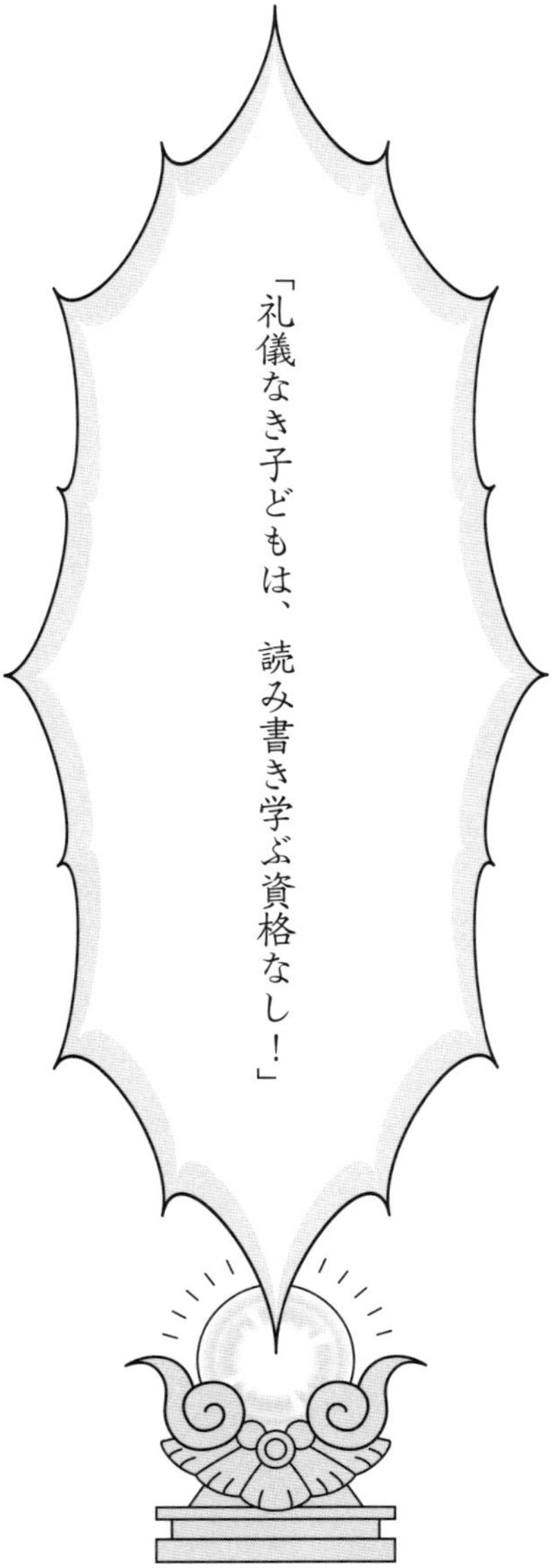

第52話

寺子屋の師匠は武士、僧侶、庄屋や医者たち。もちろん女性の師匠もいた。

「本当」でしょうか？

「うそ」でしょうか？

正解は「本当」です。

寺子屋ではきわ立った特技をもつ名人や人生経験豊かな達人が、師匠となって共通のテキストで教え導いていました。

現代の学校は「先生」ですが、寺子屋ではその道の達人が教え導くという意味で「師匠」でした。筆子たちは「お師匠様！」と、憧れと敬意を込めて呼んでいました。僧侶が寺で教えていたのが始まりだったので「寺子屋」。学ぶ子たちは「寺子」から、次第に「筆子《ふでこ》」と呼ばれるようになります。なぜなら師匠が僧侶だけでなく、武士や神主《かんぬし》、医者、庄屋、豪農までに広がってきたからです。もちろん女性のお師匠もいました。稽古の場は年齢がバラバラで、男女の区別もされず、多くの筆子が一緒に学んでいました。どこの寺子屋でもトラブルが起こったはずですが、不思議にすんなりと解決したようです。

《なぜだと思いますか？》

「子どもの礼式」（親子で守るべき礼儀）がきっちり決められて遵守されていたからです。その礼式を知ると、その場のもめ事が解決できたわけに合点がいきます。「子ども同士のけんかや口論は、皆本人が悪くて起こるのだからいちいち親が取り上げてはいけない」と、きっぱりとけじめをつけていました。

授業料は師匠によってまちまちで、入学金（束脩《そくしゅう》）や謝礼は盆暮れのお礼として節目節目に物で渡していて、家庭の経済状況によって納める物が異なり、中には納められない貧しい家庭の子もいたのです。

《貧しい家の子に対して、師匠はどのように扱ったのでしょうか？》

他の子と変わらずに手習いを続けさせたようです。寺子屋師匠のやりがいは、筆子たちを教え育てることにあったからでしょう。このように江戸時代の寺子屋はとてもおおらかで、細かく管理されませんでした。午前8時から午後3時の学習中でも昼食は家に帰って食べるのが当たり前でした。学びは強制されるものでなく自主的に一人一人が取り組みました。自分の学習進度や要望で他の子と比べることなく進め、学びを楽しませる寺子屋のシステムは、現代の教育の抱える問題への大きなヒントを与えてくれそうです。

筆子同士の絆は兄弟のように強かったのですが、師匠に対する尊敬も深いものでした。絆は成人まで続いて婚礼の席に呼ばれるほどでした。全国には「筆子塚」が残されています。筆子塚とは、筆子たちが師匠の死を悼み、費用を出し合って建てた墓や塚のことです。多くの寺子屋で使用したテキスト「童子教」には、「師は三世《さんぜ》の契《ちぎ》り、祖は一世の睦《むつみ》」と、師匠との縁は前世・今世・来世に及ぶものだと教えています。

めざす師匠の存在が確かな人間形成のために必要であることを何度か説いてきました。振り返ってみましょう。今川義元や徳川家康の師匠は「太原雪斎」。清水次郎長の師匠は「山岡鉄舟」。片平信明の師匠は「二宮尊徳」。西郷隆盛は『言志四録《げんししろく》』を著した「佐藤一斎《いっさい》」が師匠といえます。西郷は『言志四録』から気に入って選び抜いた101箇条を書き取り、絶えず自分の言動と照らし合わせていました。西郷が選び抜いた101条の中の一文を紹介しましょう。

「一燈を提《さ》げて暗夜を行く。暗夜を憂うること勿《なか》れ。ただ、一燈を頼め」

「一燈」とは最も頼るべき灯り。西郷にとっては『言志四録』が一燈だったのです。何度も何度も読み直したり書き直したりして、大きな政治判断の場面はもちろん、日常生活においても支柱にしていたのです。

西郷隆盛の座右の書『言志四録』の確たる言霊《ことだま》が、みなさんの心を磨く砥石《といし》となりますように…。

照らす鏡
江戸時代末期の儒学者 佐藤一斎の『言志四録』より

少《しょう》にして学べば、則《すなわ》ち壮《そう》にして為すこと有り。
壮にして学べば、則ち老《お》いて衰《おとろ》えず。
老いて学べば、則ち死して朽《く》ちず。

《訳》若い時にひたむきに学べば、壮年になって何事か為すことができる。壮年になってなお学び続ければ、老年になって気力が衰えない。老いてもさらに学び続ければ、見識が高くなり多くの社会貢献ができるため、死んでもその名が朽ちることはない。

4 どの寺子屋でも使われていたテキストがあった!?

識字率が高く「教育大国」であった江戸時代の日本。人生の基礎づくりの子ども時代に、「寺子屋」で使用された共通テキストが有りました。

それが『実語教《じつごきょう》』と『童子教《どうじきょう》』。「日本人千年の教科書」と呼ばれ、子どもたちは何度も誦えることで、本の内容ばかりか先人の熱い魂まで学び取っていたのです。

低学年向けで、人間の基本的生き方を教えた『実語教』

①「山高《やまたか》きが故《ゆえ》に貴《たっと》からず。樹有《きあ》るを以《もっ》て貴《たっと》しとす。」

訳/山は高いから価値があるわけではありません。そこにある樹が何かの役に立って価値が出てくるのです。

②「富《とみ》は是一生《これいっしょう》の財《たから》、身滅《みめつ》すれば則《すなわ》ち共《とも》に滅《めっ》す。智《ち》は是万代《こればんだい》の財《たから》、命《いのち》終《お》われば則《すなわ》ち随《したが》って行《ゆ》く。」

訳/富は自分が生きている間は大切なものですが、死んでしまえば墓の中まで持って行けません。それに対して智恵は万代まで残ります。自分が死んでも、子孫へと受け継がれるからです。

③「善《ぜん》を修《しゅう》する者《もの》は福《ふく》を蒙《こうむ》る。たとえば響《ひび》きの音《おと》に応《おう》ずるが如《ごと》し。悪《あく》を好《この》む者《もの》は禍《わざわい》を招《まね》く。あたかも身《み》に影《かげ》の随《したが》うが如《ごと》し。」

訳／善行をする人には幸福が来ます。たとえば山にはね返った、こだまが聞こえるようです。悪事を好む人は禍を招きます。たとえば、いつも自分の身体に影が付いてくるようなものです。

高学年向けで、世の中での生き方の基本を教えた『童子教』

①「禍福《かふく》は門《もん》無《な》し　唯人《ただひと》の招《まね》く所《ところ》に在《あ》り　天《てん》の作《つく》る災《さい》は避《さ》くべし　自《みずか》ら作《つく》る災《さい》は逃《のが》れ難《がた》し」

訳／禍や富は決まった家に入るのではありません。全て人が招いているのです。天災は避けることができますが、自分のつくった禍から逃れることはできません。

②「他人《たにん》の弓《ゆみ》を挽《ひ》かざれ　他人《たにん》の馬《うま》に騎《の》らざれ　前車《ぜんしゃ》の覆《くつがえ》るを見《み》て　後車《こうしゃ》の誡《いましめ》とす　前事《ぜんじ》の忘《わす》れざるを後事《こうじ》の師《し》とす」

訳／他人の弓を引いても、他人の馬に乗ってもいけません。前を走る車がひっくり返るのを見たら、後ろを走る車は気をつけなくてはいけません。前に失敗したことを忘れずに、後日に生かすようにしましょう。

日本人の真面目で、我慢強くて、何事にも一生懸命取り組む国民性は、千年来のテキストで学び続けてきた先人から「受け継いだバトン」なのでしょう。

おわりに

「処女作には、その作家のすべてが詰まっている」

私にとっての処女作は、２０１６年（Ⅰ巻）と２０１９年（Ⅱ巻）に刊行された『目からウロコおもしろ静岡歴史ゼミナールⅠ・Ⅱ』（静岡市社会科学習会編）です。魅力ある社会科学習に熱意を燃やす数十名の先生方が執筆者となって、「静岡市に眠る歴史面白ネタ」を小中学生に提供しようと、企画・取材・執筆・編集・発行の全てを手弁当で成し遂げた労作です。

この本の構想を仲間たちに提案した私には、「地域の歴史学習」の場面で苦い経験がありました。

子どもたちは歴史が好きです。特に、日本全国の歴史（卑弥呼・奈良の大仏・金閣寺・織田信長など）は、多くの事典や伝記、漫画シリーズの書籍があったり、テレビ番組があったりと接する機会が多いので面白さに拍車がかかります。歴史好きになると、次第に身近な歴史に関心が向きます。自分の祖先の痕跡があるはずだ、昔を伝える資料がきっとあるはずだ、と調査活動を開始すると、こんな会話が教室で交わされるようになります。

「今日は習い事がないから、また神社に調べに行こうと思う！」

「あのお寺に取材に行くけど、誰か一緒に行かない？」

放課後に出かけていったり、資料を手に入れてきたり、写真を撮ってきたりと意欲あふれる調査活動を開始します。

ところが、ここから先に予想外の高い壁が立ちはだかってくるのです。

「先生、もらってきた資料になんて書いてあるの？　漢字が難しくて読めないよ」「和尚さんの解説はどういう意味だったのかな？　用語が難しくて分からなかった」「昔のことを尋ね歩いても、知っている人が見つからなかった」などと、追究する面白さがふくらむ手前で意欲の風船がしぼんできてしまうのです。

なぜなら、ふるさとの歴史に関する資料は少なくて、図書館や交流館でようやく探し出した資料は読み方さえも解らない専門用語が並んでいるからです。歴史に詳しい大人向けに書かれているのですから、子どもが読み取れないのは仕方ないことなのです。

現在は、『目からウロコ　おもしろ静岡歴史ゼミナール』全2巻が地域の歴史テキストとして、静岡市内の図書館や小中学校の全ての図書室の書庫に並べられて、児童生徒はもちろん保護者の皆様にも手に取ってもらっています。

処女作同様この本も、小学校高学年以上で歴史に興味を抱きつつある方を想定して書き上げました。

クイズ形式にしたり分かりやすい表記にしたりしましたが、決して内容が薄い小ネタの寄せ集めではありません。川面に浮かぶ花筏《いかだ》のように史実を流してしまうのではなく、水底で何が起こっていたのか、「時代が変わろうとも（流行）、不変なものは何なのか（不易）？」を再思三考して各話を構成してきたつもりです。

関連深い話を12章にまとめてみましたが、各52話は独立した内容で切り口や語り（物語調ありや脚本調あり）もさまざまです。予想を超えた急展開のドラマがあったり、命を賭けた大胆な決断があったり、史跡に隠された争いの足跡があったり、先人が大切につないできた価値観があったり、古典が時代を超えた叡智であることが判明したりと、まさに百花繚乱です。

等身大で精一杯生きた先人たちのドラマは本当に奥深く、想像力を駆使してもたどり着けない真実があります。

「重圧がかかる歴史の節目で、正反対の決断をしていたら？」
「明鏡止水の心でミッションに臨んだ人物が、もし私欲で目が眩んでいたら？」
「その場で対峙した人物が、異なる価値観や認識をもつ人物だったら？」
「命尽きるのがせめて5年遅かったら、その後の展望がどのように変わったのか？」
といった空想もふくらみ、創作意欲が湧き上がるほど心躍ります。

『静岡　ふるさとヒストリー』は、「歴史への旅」へを踏み出すための入門書になります。旅立った皆さんは興味の赴くままに出かけたり、訪ね回ったり、調べ始めたり、さまざまな書物をひも解いたりされることでしょう。すると、控えめに佇んでいた身近な歴史たちが少しずつ胸の内をつぶやき始め、もしかしたら祖先が積み上げてきた叡智までぽつりぽつりと語り出すかもしれません。

この本の完成までには、多くの方々のお力添えをいただきました。大変感謝しております。歴史を学び直すきっかけをいただいたエフエムしみず（マリンパル）の夏木さんをはじめ関係者の皆様。「ふるさとヒストリー」へのレギュラー出演の扉を開けてくださった杉山先生。

本の構想や内容に関してアイデアや助言をいただいた多くの友人や同僚の皆さん。よりよい本づくりを目指して本気で協議してくださった「静岡新聞社編集局出版部」の佐野さん、瀧戸さん、横澤さん。

暖かくて親しみあるイラストを作画してくれた豊泉先生。著者が求めていた「リリカワ」（可愛くてちょっと凛々しい）のイメージの挿絵に仕上げていただき大満足しています。

甘酸っぱい花橘の香が満ちる書斎にて

小泉　達生

著者紹介

小泉 達生（こいずみ　たつお）

１９５８年、清水市（現静岡市清水区）興津生まれ。静岡県立清水東高等学校、茨城大学人文学部卒業。松下電工株式会社（現パナソニック）に入社後、教育界に転身して小学校教員として41年間勤める。赴任した地域の特色ある教材づくりに力を注ぎ、清水次郎長、山岡鉄舟、太原雪斎、梶原景時、穴山梅雪、片平信明、静岡大空襲などの社会科単元を多く開発。

編集長として「目からウロコ⁉　おもしろ静岡歴史ゼミナール１・２巻」を自主出版し静岡市内全小学校や全市立図書館に一千部ずつ配布して好評を得る。

ＮＰＯ法人で興津坐魚荘の管理運営や「西園寺公望」の劇台本や検定問題の作成のみならず、ユネスコ世界の記憶「朝鮮通信使」の顕彰のため、通信使行列の再現や劇脚本、テーマ曲作詞などにも関わってきた。

常葉大学教育学部の非常勤講師を18年間務めた。

エフエムしみずのレギュラー番組「ふるさとヒストリー」のリスナーが小学生から90代まで広がっていた。

著書

「増補版　明治を創った男～西園寺公望が生きた時代～」（幻冬舎文庫）

静岡ふるさとヒストリー

今につながる歴史の謎

2024年 9月 6日　初版発行

著者　小泉達生
イラスト　豊泉雄一朗・小泉達生
デザイン　横澤皐紀
発売元　静岡新聞社
〒422-8033　静岡市駿河区登呂 3-1-1
電話　054-284-1666
印刷・製本　橋本印刷所

ISBN 978-4-7838-8092-9　C0021